HELMUT LOOSE

Obstbaum-schnitt

Kern-, Stein- und Beerenobst

BLV GARTEN- UND BLUMENPRAXIS

BLV

Die Deutsche Bibliothek –
CIP-Einheitsaufnahme

Loose, Helmut:
Obstbaumschnitt : Kern-, Stein- und Beerenobst / Helmut Loose. – 12., durchges. Aufl. – München ; Wien ; Zürich : BLV, 1997.
(BLV Garten- und Blumenpraxis)
ISBN 3-405-15220-8
NE: HST

Fotos vom Autor, außer:
S. 2, 30, M. Stangl
S. 33, Fa. Leitern-Krämer, Metzingen
S. 48, Schwarz

Umschlagfoto vorn: Martin Stangl
Rückseite: Hans Reinhard

Grafik: Marion Dietze

12., durchgesehene Auflage

BLV Verlagsgesellschaft mbH
München Wien Zürich
80797 München

BLV Garten- und Blumenpraxis

Einbandgestaltung: Studio Schübel, München
Gesamtherstellung: R. Oldenbourg, München

Gedruckt auf chlorfrei gebleichtem Papier

Printed in Germany · ISBN 3-405-15220-8

Inhalt

Auch bei Obstbäumen gibt es physiologische Rätsel und Probleme

Uns modernen, technisch geschulten und rationell denkenden Menschen erscheint es selbstverständlich, daß Bäume im Frühjahr austreiben und im Herbst Laub abwerfen. Es lohnt sich aber schon einmal, über die Ursachen des Wachsens, Blühens, Fruchtens und Vergehens nachzudenken, denn dieser Rhythmus wird von hochkomplizierten Regelmechanismen in Gang gehalten. Je tiefer man in die Zusammenhänge einzudringen versucht, um so mehr verspürt man etwas von den Wunderdingen der Natur!

Im Frühjahr steht der Baum förmlich gespannt unter *Saftdruck*. Durch den Auslösefaktor Wärme und Licht werden die im Vorjahr gespeicherten *Energievorräte* so aktiviert, daß Tausende und aber Tausende von Blatt- und Blütenknospen austreiben. Diese Energien wurden im Herbst in Form von Stärke, Eiweiß- und Fettstoffen im Stamm, in den Blattpolstern und in den Knospen auf kleinstem Raum bevorratet. Dabei sind beispielsweise in einer einzigen Blütenknospe des Apfels alle Organe für ein Blattbüschel und fünf Blüten in Miniatur vorbereitet, um sich beim Sprengen der Hüllblättchen rasch entfalten zu können. Für die Entwicklung der Blätter, Blüten, Staubgefäße, Pollen und der Keimanlagen bei gleichzeitiger Nektar- und Duftstoffproduktion sind ungeheure Kraftanstrengungen bis an die Erschöpfungsgrenze notwendig.

Geheimnisvoll wie die Freisetzung bedeutender Energiemengen ist auch die *Wuchssteuerung durch Hormone.* Die Hormone reagieren auf Lichtreflexe, Klimadaten, Polarität sowie Wasser- und Nährstoffangebote im Rahmen eines genetisch genau festgelegten Wuchsprogrammes, das sortentypische Eigenschaften auslöst.

Das Wachstum während der Vegetationsperiode findet deutlich in zwei großen Wuchsschüben statt:

Erste Austriebsphase

Sie beginnt nach der Blüte, wenn die Blattbildung eingesetzt hat und die Baustoffproduktion auf vollen Touren läuft. Zugleich setzt das Wurzelwachstum voll ein. Es werden laufend neue Faserwurzeln produziert. Gleichzeitig bilden der Stamm und alle Äste einen neuen Jahresring aus, und eine kräftige Neutriebbildung findet statt.

Im Juni sind die Blätter bereits voll ausgebildet und haben als Verdunstungsschutz einen Wachsüberzug erhalten. Die Erzeugung von Assimilaten läßt Zuckerstoffe als chemische Grundlagen für Stärke, Zellulose, Farbstoffe, Eiweiß und Fett, Fruchtsäuren, Vitamine, Hormone, Enzyme, aber auch Duftstoffe und Aromen entstehen. Als Motor aller chemischen Prozesse dient die Sonnenenergie. Ende Juni tritt eine deutliche Ruhepause im Zweigwachstum ein, die zu einer schwerpunktmäßigen Förderung des Fruchtansatzes führt, die Früchte werden plötzlich größer.

Zweite Austriebsphase

In dieser ab Juli einsetzenden Phase laufen wiederum verschiedene Vorgänge nebeneinander ab: Ab Johanni (24. 6.) beginnt erneut eine kräftige Triebphase, die zum Herbst hin mit zunehmender Verholzung des Neutriebes ihr Ende findet. Im Hochsommer werden bereits sämtliche Knospen für das kommende Jahr angelegt, die auf Grund der ernährungsphysiologischen Situation zu mehr oder weniger Holz- und Blütenknospen differenziert werden. Besonders frühzeitig findet diese Differenzierung bei den Süßkirschen statt, wo man bei der Ernte schon vollausgebildete Knospen entdeckt.

Spätsommerliche Hochproduktion

Diese Phase gibt den Früchten Gewicht, Farbe und Aroma. So kommt der Herbst, der mit der Baumreife die Ernte einleitet und schließlich nach den ersten Frösten zur Blattfärbung führt. Diese Färbung weist den Kundigen auf mögliche Nährstoffmangelerscheinungen hin, bis mit dem Laubfall der Winter eintritt. Auch das Wurzelwachstum wird eingestellt, doch laufen hormongesteuerte Stoffwechselvorgänge weiter, wenn auch nur auf Sparflamme. Der Baum atmet auch im Winter und lebt von seinen Energievorräten, um sich bereits im Januar mit steigendem Licht langsam auf den neuen Austrieb vorzubereiten. Kein Wunder, daß erschöpfte, schlecht ernährte Bäume oder solche, die durch große Umveredelungen unter Spannungszuständen leiden, Extremfrösten zum Opfer fallen.

Warum schneiden? – Obstbäume tragen doch auch ungeschnitten!

Ein völlig ungeschnittener Jungbaum entwickelt anfänglich eine größere Anzahl sehr kräftiger, steil stehender Äste, die schon nach wenigen Jahren lange, wenig verzweigte »Peitschenstiele« bilden. Nur an ihrem oberen Drittel entwikkeln sich kurze Seitentriebe, die dann rasch mit dem Ertrag einsetzen. Dieser zunächst recht erfreuliche Effekt führt schon nach wenigen Jahren dazu, daß sich die schwachen, langen Peitschentriebe

Ein Blick in das »Innenleben« eines Baumes.

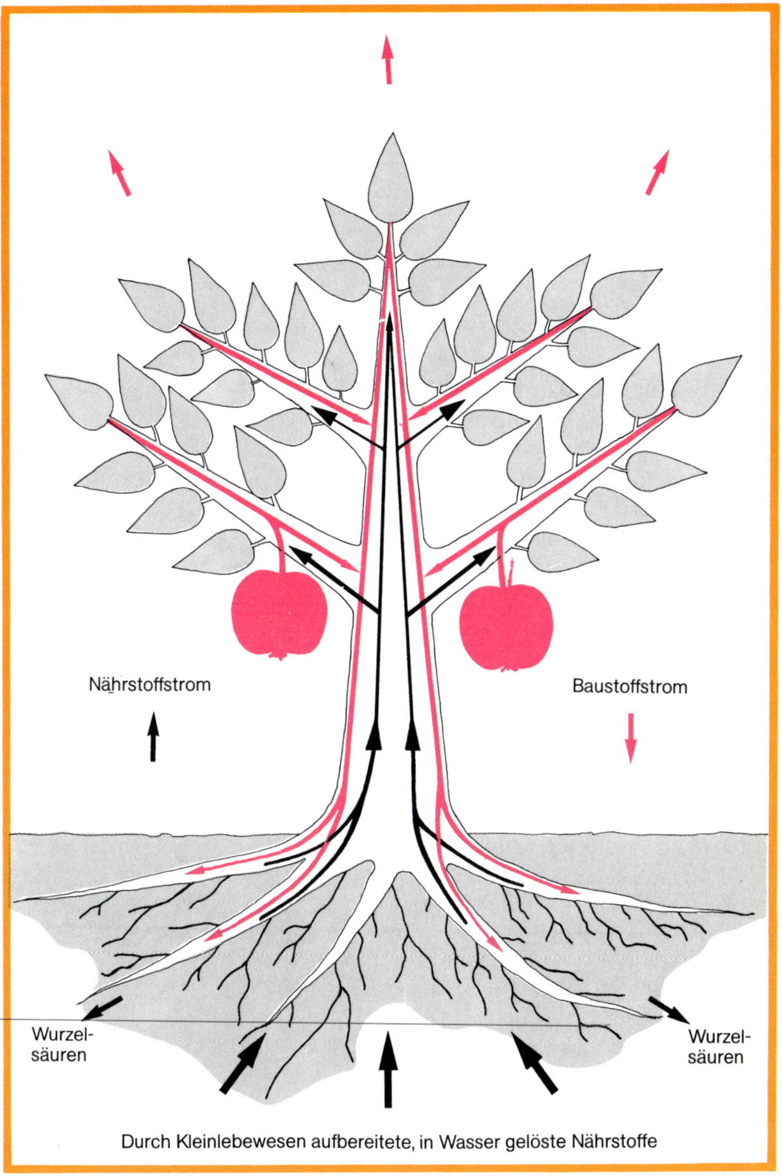
Nährstoffstrom
Baustoffstrom
Wurzel-
säuren
Wurzel-
säuren
Durch Kleinlebewesen aufbereitete, in Wasser gelöste Nährstoffe

unter der Last der Früchte fast bis zum Boden neigen. Auf diesen Astbogen entstehen wieder neue Starktriebe (früher fälschlich als Wasserschosse bezeichnet), die ihrerseits unter der Last der weiteren Ernten wiederum Bogen bilden und auf diese Weise die tiefer gestellten Fruchtäste überdecken und beschatten.
Die Folge sind oftmals Astbruch, Massenernten mit vielen kleinen Früchten, hohe Anteile an saurem Schattenobst, starke Ernteschwankungen, schwierige Ernte und Pilzbefall der Blätter. Erfahrungsgemäß läßt die Leistung solcher Bäume immer mehr nach, und wir ernten alle 2–3 Jahre überwiegend Verwertungsobst. Von Natur aus tendiert jeder Obstbaum nicht dazu, eßbare und geschmackvolle Früchte hervorzubringen, sondern große Mengen Samen zu produzieren; dazu genügt es, wenn viele kleine Früchte ausgebildet werden.

Der naturgemäße Obstbaumschnitt hat viele Vorteile

Beobachtungen des natürlichen Verhaltens von Obstbäumen und langjährige Erfahrungen und Verbesserungen der Schnittsysteme haben zu einer Schnitt-Methode geführt, die davon ausgeht, ein kräftiges Traggerüst für Seitenäste und Fruchtäste aufzubauen und gleichzeitig früh fruchtende Triebe zu erziehen. Dieser sogenannte naturgemäße Obstbaumschnitt, der zu pyramidalen Rundkronen führt, hat folgende Vorteile:

- Frühes Einsetzen der Erträge durch klare Funktionszuweisung der Fruchtäste.
- Rascher Aufbau eines Traggerüstes, das auch die Belastungen durch hohe Ernten, Sturm oder Schneedruck aushält.
- Beste Belichtungsverhältnisse aller Kronenteile und leistungsfähige Blattmasse.
- Volle Besonnung aller Früchte, deren biologischer Wert dadurch entscheidend verbessert wird.
- Günstige Bearbeitungsmöglichkeit bei Ernte und Schnitt.
- Verhinderung der Überalterung und des Leistungsabfalles.
- Ausgleich von Mißernten und Ernteschwankungen.
- Einfache Erlernbarkeit und Anwendung der Schnittmethode.

Deshalb: Schnittsystematik ist eine ideale Sache. Daraus folgt:

Das Einmaleins des Schnittes ist die Kenntnis der Triebarten

Jeder Obstbaum bringt in der Jugendphase überwiegend *Langtriebe* hervor, die mit spitzen Blattknospen auf ihrer ganzen Länge besetzt sind und sich im Folgejahr mehr oder weniger stark verzweigen. Bei Apfel, Birne und Zwetschge bilden sich schon bald schwächere *Kurztriebe,* die runde, dicke Blütenknospen ansetzen und damit die Bildung von Fruchtholz einleiten.
Sauerkirsche, Aprikose und Pfirsich haben eine Sonderstellung, da sie mit Einsetzen der Ertragsphase an einjährigen Langtrieben stets Blütenknospen bilden, so daß das Schnittziel bei ihnen darauf abzielt, neben dem Kronenaufbau immer wieder neue, leistungsfähige einjährige Triebe zu erzielen.
Auch bei bestimmten Apfel- und Birnensorten können Blütenknospen schon am einjährigen, schwachtriebigen Holz gebildet werden. In der Regel entsteht Fruchtholz aber am zwei- und dreijährigen Ast, wo es auch seine höchste Leistungsfähigkeit besitzt. Bevor Sie schneiden, schauen Sie sich Ihren Obstbaum daraufhin sehr genau an!
Für die Ausbildung vollmundiger, schöner Früchte ist eine möglichst allseitige Besonnung wichtig und für jede Frucht eine Anzahl von Blättern und Blattbüscheln. Diese müssen große Mengen von Zucker- und Eiweißstoffen nachhaltig liefern. Je älter das Fruchtholz wird, desto zahlreicher werden zwar die Blütenansätze, doch um so bescheidener wird die Leistung der Blätter, und die Versorgung mit Assimilaten erfolgt nur kümmerlich.
So ergibt sich für alle Obstarten als Schnittziel:

Überaltertes Fruchtholz muß zugunsten jüngerer, leistungsfähiger Fruchttriebe beseitigt werden, um den besten Leistungs- und Versorgungsstand im Baum auf Jahre oder Jahrzehnte hinaus zu erhalten.

Ein weiteres Ziel ist die Erhöhung des biologischen Wertes der Früchte durch Anreicherung der für die Ernährung wichtigen Inhaltsstoffe. Der Gehalt an Aroma- und Geruchsstoffen, an Vitaminen und Fermenten, sowie an Mineralsalzen und Fruchtzuckern ist an eine gute Ausfärbung des Baum- und Beerenobstes gebunden. Schattenfrüchte und Massenfrüchte sind daher geschmacklos und biologisch wertlos. Auch die beste Düngung kann hier keinen Ausgleich schaffen, sondern nur eine durch den Schnitt erzielte Verringerung der Früchtezahl. Sie trägt dazu bei, daß auch Spätsorten in klimatisch ungünstigen Gebieten noch voll ausreifen. Die Verbesserung der Fruchtqualität durch Schnitt ist daher nicht nur ein schönes Hobby!

Theorie ist notwendig

Entwicklung eines ungeschnittenen Baumes.

Entwicklung eines richtig geschnittenen Baumes; die Schnittmaßnahmen setzen erst nach einer ungeschnittenen Phase ein.

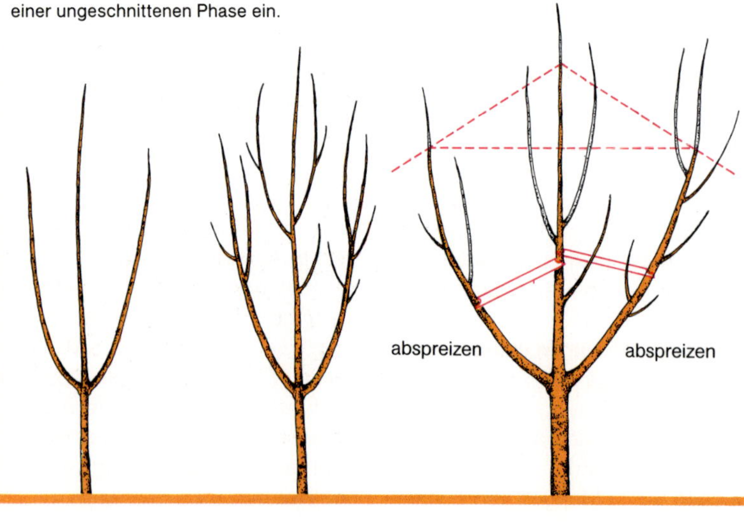

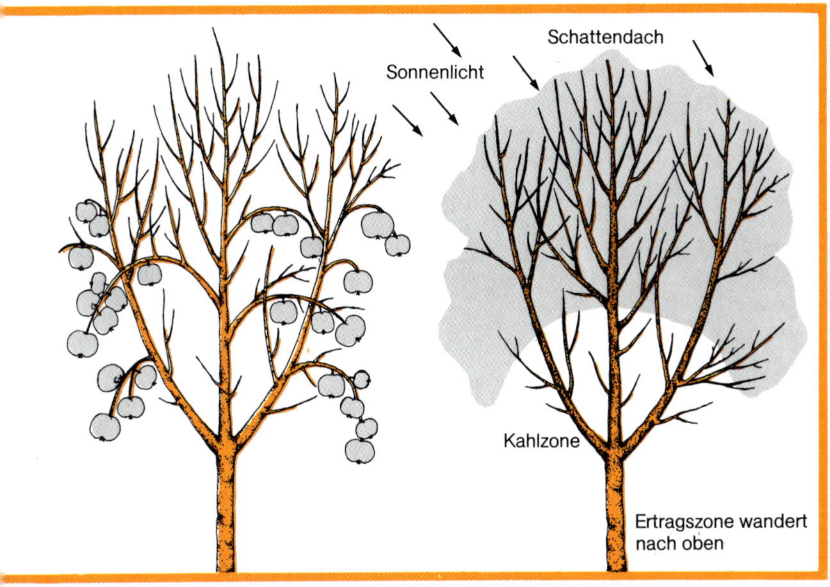
Schattendach
Sonnenlicht
Kahlzone
Ertragszone wandert nach oben

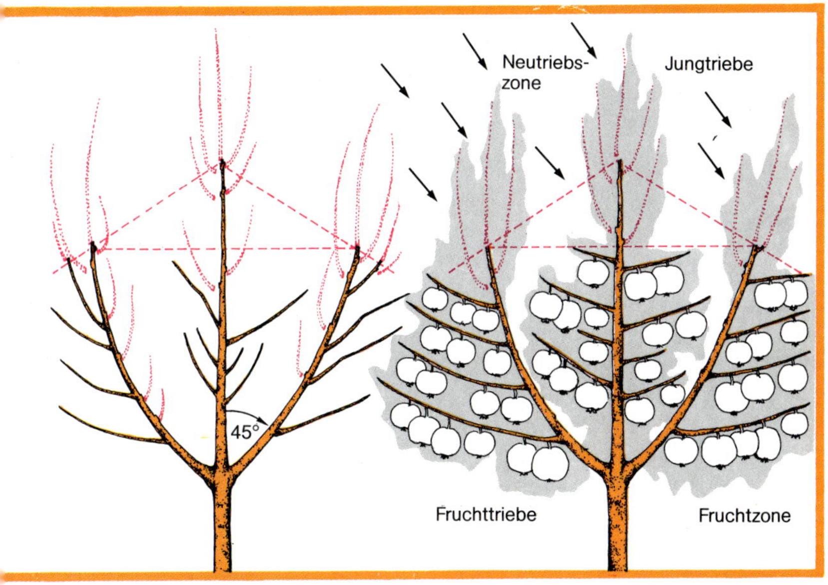
Neutriebs-
zone
Jungtriebe
45°
Fruchttriebe
Fruchtzone

Entwicklungsphasen

Erst beobachten, dann schneiden

Die Erkenntnis, daß man in die Wuchssteuerung der einzelnen Lebensphasen eines Baumes regulierend eingreifen kann, setzt die Beobachtung der Lebensabläufe voraus. Wie alle Lebewesen durchlebt auch ein Baum eine Jugendphase, eine Hochleistungsphase und eine Altersphase mit unterschiedlicher Zweigentwicklung.

Jugendstadium (Abb. 1)

In diesem Stadium zeigen alle Obstbäume kräftige Langtriebbildungen, um eine der Art und Sorte entsprechende Laubkrone, Stamm und Wurzelkrone zu entwickeln. Unterschiedlich schnell beginnt die Bildung von Blütenknospen und Kurztrieben, so daß der Übergang zur Ertragsphase fließend erfolgt.

Ertragsstadium (Abb. 2)

In diesem Zeitraum wird der Fruchtansatz von Jahr zu Jahr größer und in der Mitte des Lebens erreichen die Erträge ihre absolute Höhe an Menge und Qualität. Kein Wunder, daß der Mensch versucht, durch schwach wachsende »Wurzelbildner« (Unterlagen) den Wuchs zu bremsen und die Jugendphase zu verkürzen. Auch das Waagrechtbinden von Trieben dient diesem Ziel.

1

2

3

Durch die Kombination von Schnitt und Düngung versucht man, die allmähliche Erschöpfung möglichst lange aufzuhalten.

Altersstadium (Abb. 3)

In dieser Phase zeigt der Baum fast keinen Trieb mehr, aber viel zu viel überaltertes Fruchtholz. Er bringt nur noch kleine, schlechtausgereifte Früchte. Bei verhungerten, von Krankheiten und Pilzen befallenen oder stammverletzten Bäumen tritt das Altersstadium erheblich rascher ein. Mit Hilfe des Verjüngungsschnittes kann man diese Entwicklung verzögern, da durch verbesserte Pflege jeder verwahrloste Baum schnell wieder leistungsfähig werden kann.

Schnittmaßnahmen bedeuten also gezielte Wuchsreize, um die Leistungsfähigkeit und Gesundheit von Obstbäumen zu verbessern.

Das Wuchsprogramm wird ferngesteuert

Das Licht und die Erdanziehungskraft bilden die Polarität für den Baumwuchs. Der Stamm als Achse des Baumes wächst senkrecht, die Wurzel – nach unten gerichtet – füllt ein bestimmtes Volumen, während das Licht auf die Form der Laubkrone Einfluß nimmt. Dies führt zu den für jede Obstart typischen Kronenbildern.

Es gibt Arten und Sorten, die eine deutlich spitzwinkelige Astförderung aufweisen, was zu engen, steilen und hohen Kronen führt. Andere Bäume zeigen von Natur aus sehr breitausladende, dichte Kronen, während wieder andere einen hochkugeligen oder stark überhängenden, sparrigen Wuchs aufweisen. Das Wuchsprogramm ist erbbedingt, arten- und sortentypisch. Meist widerspricht es den Zielvorstellungen von allseitig durchsonnten Kronen. Doch langjährige Beobachtungen ergaben, daß überall gleichmäßige Wuchsgesetze ablaufen.

Licht und Erdanziehung wirken auf das Wachstum des Baumes.

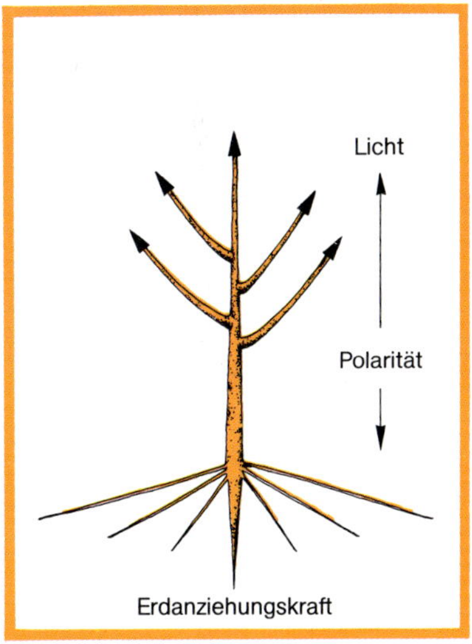

Wuchsgesetze

Verschiedene Kronenformen.

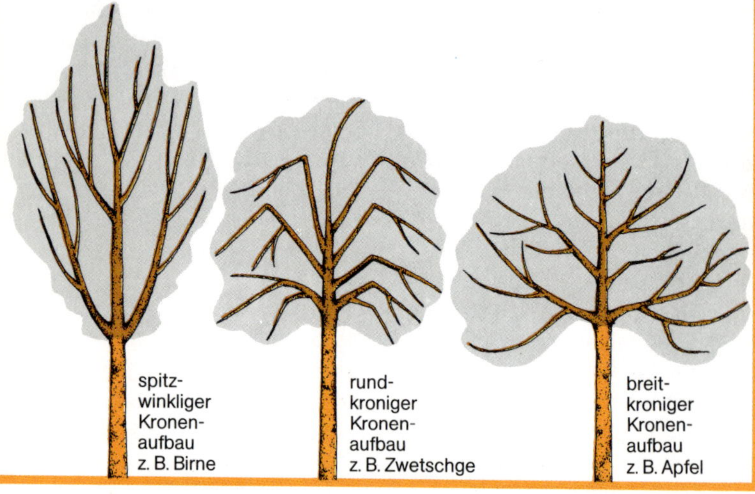

Spitzenförderung

Das natürliche Triebwachstum wird durch die Spitzenförderung bestimmt. Die am höchsten stehende Knospe treibt am stärksten und steilsten aus, während die weiteren Seitenknospen ganz bestimmte Winkelstellungen zur Spitzenknospe einnehmen. Die Spitzenförderung zeigt sich auch darin, daß stets das obere Drittel der in der Krone stehenden Triebe besonders wuchsgefördert ist. So kommt es, daß die tiefer stehenden Triebe – insbesondere im unteren Drittel der Krone – schlechter belichtet, dadurch auch schlechter ernährt werden und in der Folge verkümmern und miserable Früchte liefern.

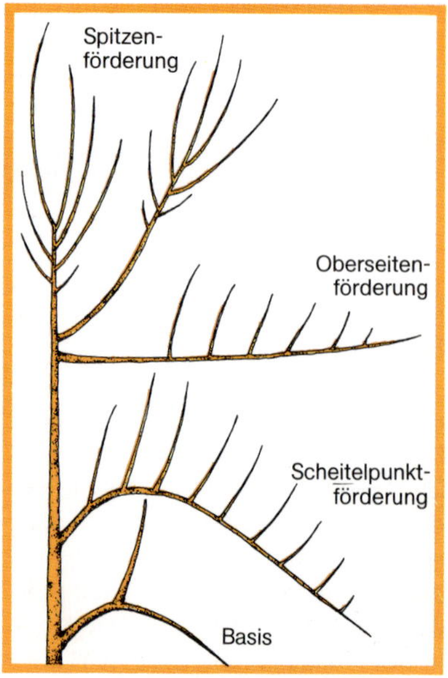

Übermäßige Spitzenförderung durch starken Schnitt bei Birne.

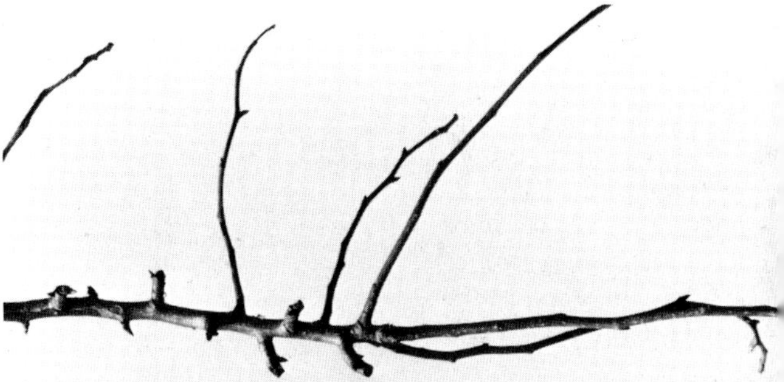

Oberseitenförderung: durch Waagerechtstellung rasche Fruchtholzbildung.

Scheitelpunktförderung bei einem abwärts gebogenen Ast (Langtriebbildungen).

Wuchsgesetze

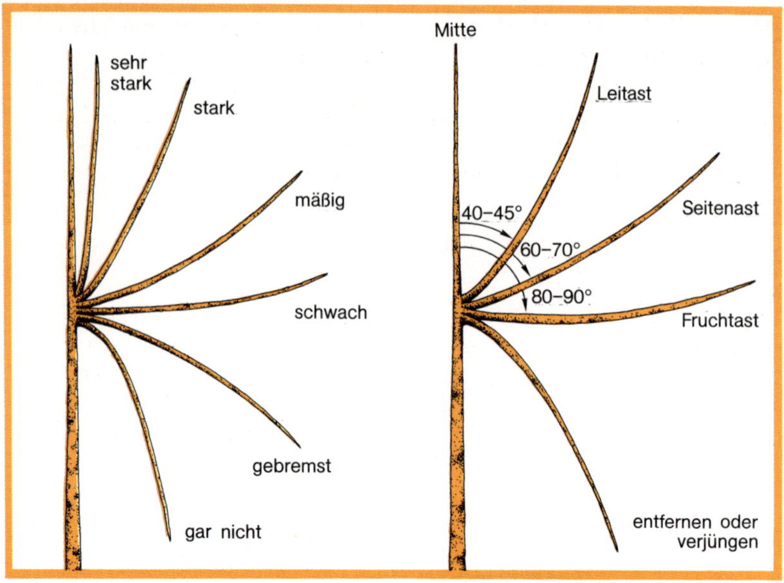

Die Aststellung beeinflußt die Wuchsstärke.

Oberseitenförderung

Bei waagrechter Stellung eines Astes bewirkt die Oberseitenförderung den Austrieb der auf der Astoberseite stehenden Knospen; dabei werden meistens auf der ganzen Astlänge schwächere Kurztriebe gebildet. Durch die geringere Wuchsförderung entstehen zumeist rasch zahlreiche Blütenknospen und eine Umwandlung der Kurztriebe zu Fruchtholz. Diese Gesetzmäßigkeit nützt man aus und bindet in jungen Kronen alle die Triebe waagrecht, die zum Kronenaufbau nicht benötigt werden und erhält so frühzeitig die ersten Früchte.

Basis- und Scheitelpunktförderung

Bei stärker abwärts gebogenen Trieben, wie sie bei Belastungen durch größere Erträge rasch entstehen, bilden sich am höchsten Punkt des Astes (also an der Basis oder am Bogenscheitel des Triebes) durch dieselbe Gesetzmäßigkeit Kurztriebe, die man zur Verjüngung des Fruchtastes gerne verwendet und zur Fruchtastrotation braucht. Nur bei stärkerem Durchtrieb müssen solche Triebe weggeschnitten werden, da sonst eine zu starke Wuchsförderung das Gleichgewicht stört.

Auswirkung von Rückschnitt und Wegschnitt

Man unterscheidet den Rückschnitt einjähriger Triebe und den Rückschnitt mehrjähriger Triebe; letzterer wird als Rückschnitt ins alte Holz bezeichnet. Maßnahmen, wie das Auslichten, das Absetzen und die Fruchtholzverjüngung, die man mit dem Sammelbegriff *Wegschnitt* bezeichnet, sind auf bessere Belichtung und Freistellung anderer Äste ausgerichtet oder einfach auf die Höhenbeschränkung der Krone.

Regel: Was man auf der einen Seite der Krone durch Schnittmaßnahmen tut, muß auf der anderen Kronenhälfte ebenfalls durchgeführt werden. Die Kronenhälften müssen einen Ausgleich erfahren.

Der Rückschnitt ist bewußt auf Triebreaktionen ausgerichtet. Er soll zu Neutriebbildung unterhalb der Schnittstellen anregen, Seitenknospen zum Austrieb zwingen und im allgemeinen das Höhenwachstum bremsen, um das Breitenwachstum der Seitenäste zu fördern. Die einjährigen Triebe verzweigen sich von Natur aus nur schwach. Durch den Rückschnitt zwingt man die nächsten 5–7 Augen zum Durchtrieb.

Austriebsreaktionen auf verschieden starken Rückschnitt am 1jährigen Trieb. Je kürzer der Rückschnitt, um so stärker die Triebleistung.

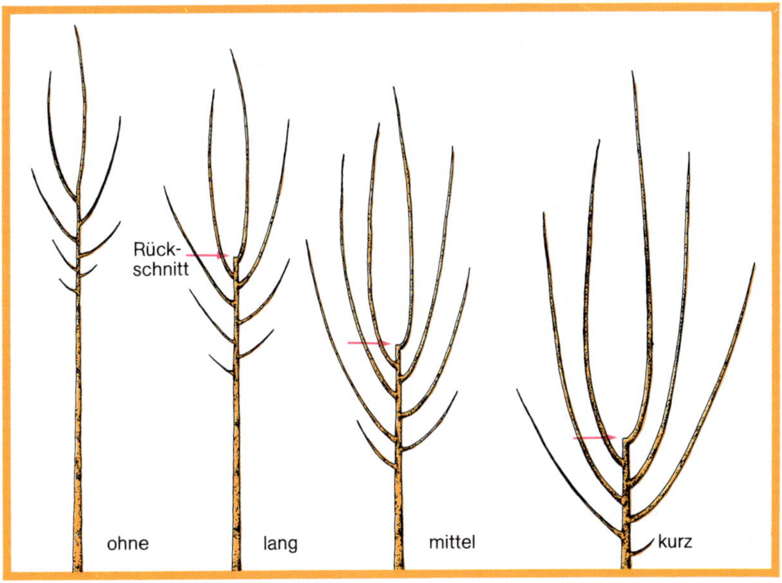

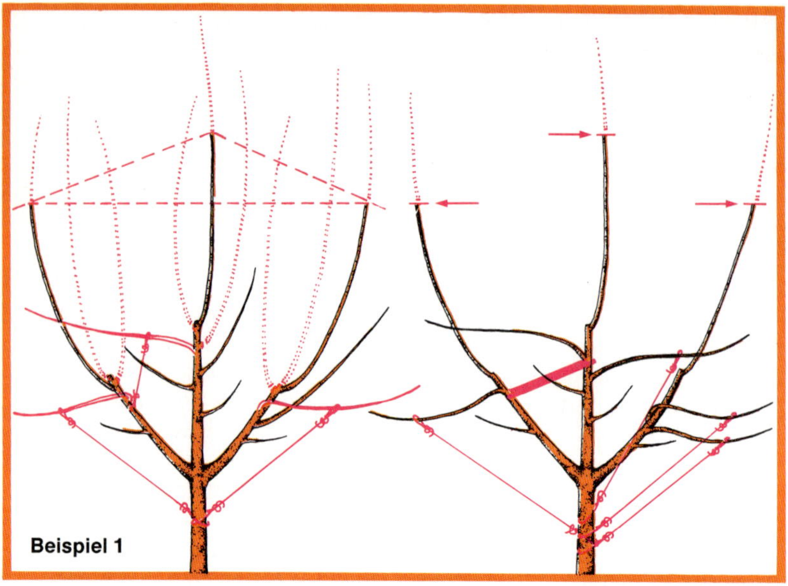

Bei sehr starkem Rückschnitt entstehen eine Anzahl kräftiger Langtriebe, aber keine Kurztriebe. Das Einsetzen der Fruchtphase wird also eindeutig zugunsten starker Triebleistung und Verstärkung des Astes hinausgezögert.
Für die Stärke des Rückschnittes gilt nur die Überlegung:

Was soll erreicht werden?

Verstärkung des Austriebes, weil Seitenäste fehlen? Oder lediglich Kronenausgleich mit geringer Anregung des Neutriebes, weil genügend Fruchtholz vorhanden ist?
Der Rückschnitt wird heute vereinfacht nur noch an der Leitastspitze,

Die Beobachtung der Schnittreaktion ergibt unterschiedliche Folgemaßnahmen:
Beispiel 1: Der Rückschnitt war zu kurz, daher überstarke Triebbildung, die das Einsetzen der Ertragsphase verzögert. Deshalb langer Rückschnitt, auslichten und viel waagrecht binden bzw. abspreizen!

Beispiel 2: Der an sich schwachtriebige Baum wurde beim Rückschnitt zu lang gelassen, was nur schwache Triebbildungen bewirkte. Deshalb starker Rückschnitt ins alte Holz, um den seitlichen Durchtrieb anzuregen!

Beispiel 3: Der Mitteltrieb ist zu stark, die Leitäste sind zu schwach entwickelt. Deshalb werden die Leitäste nur wenig, die Mitte aber nach dem Auslichten kräftig (kurz) zurückgeschnitten. Die Fruchtäste an der Mitte werden zur Verstärkung waagrecht gebunden.

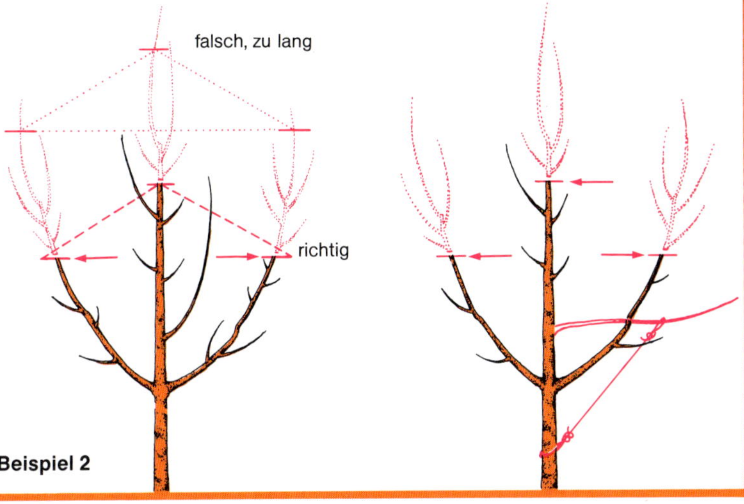

Beispiel 2

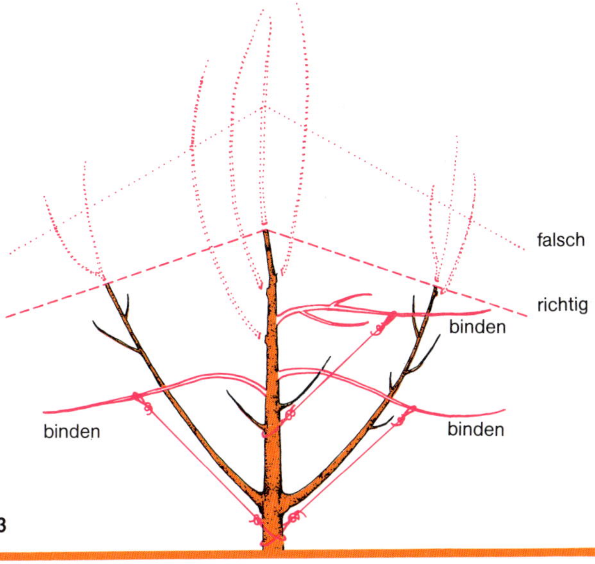

Beispiel 3

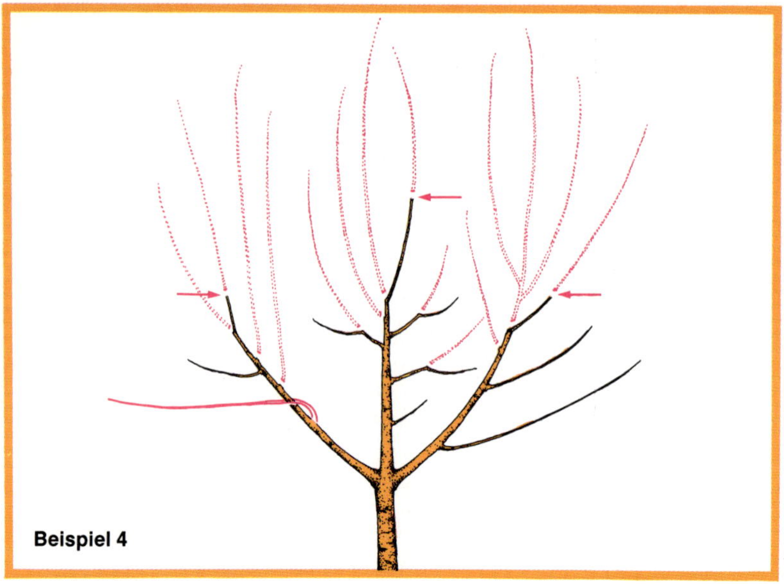

Beispiel 4

an den Seitenästen und an der Mitte (Stammverlängerung) durchgeführt. Alle übrigen Zweige werden durch Wegschnitt behandelt.

Merke: Der Rückschnitt wird in der Jugendphase kräftig durchgeführt, um den Kronenaufbau zu sichern. Mit zunehmendem Alter wird er immer etwas länger gehandhabt, um eine Beruhigung der Wuchsleistung zu erzielen. Erst wenn diese Wuchsleistung zu stark nachläßt, wird durch starken Rückschnitt als Verjüngungsmaßnahme das Wachstum wieder angeregt.

Schnitt-Technik siehe Seite 34–37.

Beispiel 4: Der linke Leitast steht ungünstiger (tiefer) und zeigt nur schwache Seitentriebbildung, dafür aber zu starke Oberseitenförderung. Deshalb wird der rechte Leitast auf Seitenast 1 abgesetzt. Der Rückschnitt darf nicht zu lang werden, da sonst links kein Durchtrieb der Seitenäste erfolgt (Kronenausgleich).

Rechts:
Richtiger Rückschnitt: Die Leitäste werden auf gleiche Höhe zurückgeschnitten, um einen gleich starken Austrieb aller Kronenteile zu erzielen (Begriff der Saftwaage) (1).

Ein ungleicher Rückschnitt der Leitäste führt zu einer einseitigen Förderung des höher stehenden Leitastes (2).

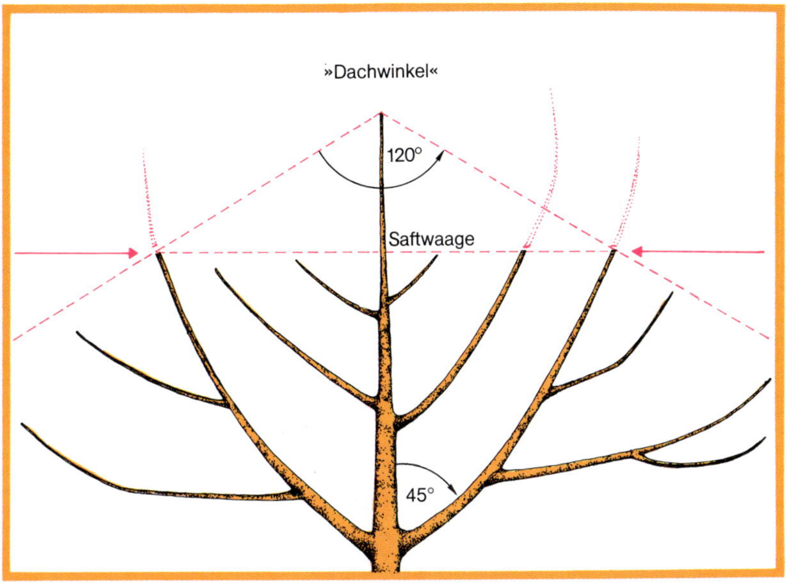
»Dachwinkel«
120°
Saftwaage
45°

1

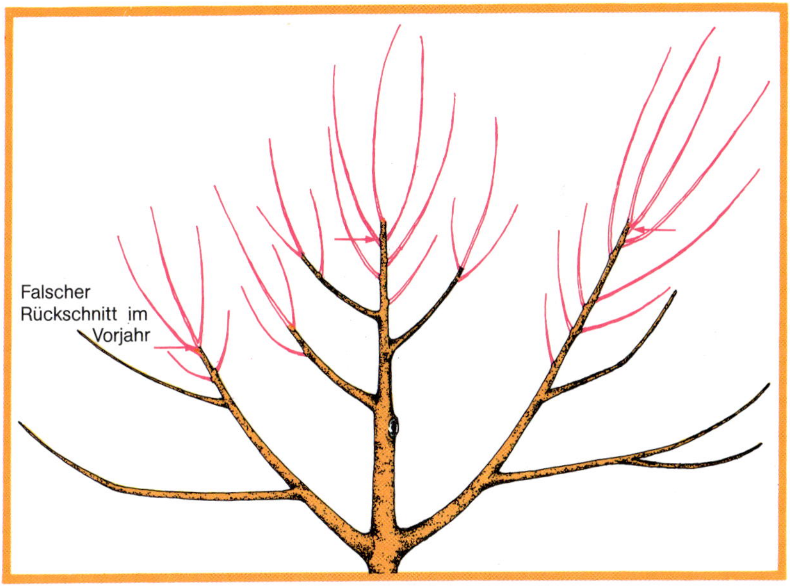
Falscher
Rückschnitt im
Vorjahr

2

Die ideale Krone

So baut sich die ideale Krone auf

Der Natur abgelauscht ist die naturgemäße Obstbaumerziehung, die von einer klaren Funktionszuweisung der einzelnen Äste ausgeht. Die sogenannte Pyramidenkrone erfüllt für alle Obstarten bei den Baumformen: Busch, Niederstamm und Hochstamm am besten ihre Aufgaben. Sie baut sich aus Mitte, Leitästen, Seitenästen, Fruchtholz und Fruchtästen auf.

Leitäste und Mitte

Die Mitte (Stammverlängerung) und 3–4 Leitäste haben reine Trägerfunktion. Sie bauen das Gerüst der

Die ideale Krone

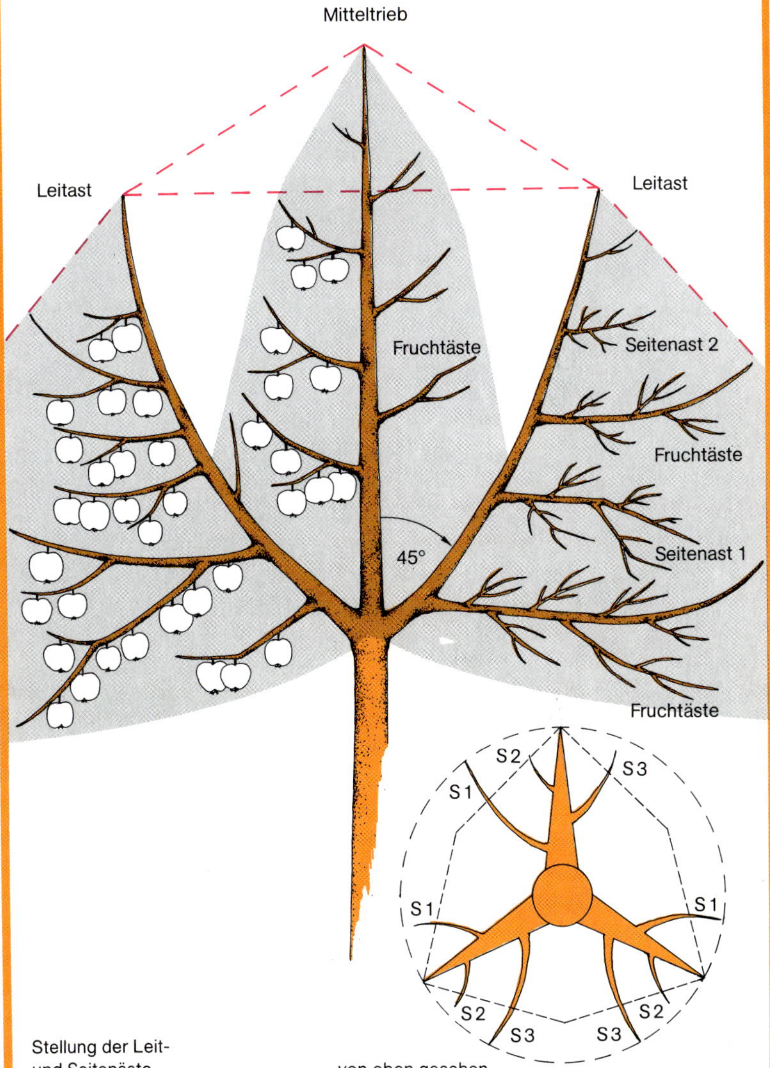

Stellung der Leit- und Seitenäste.

Die ideale Krone

1

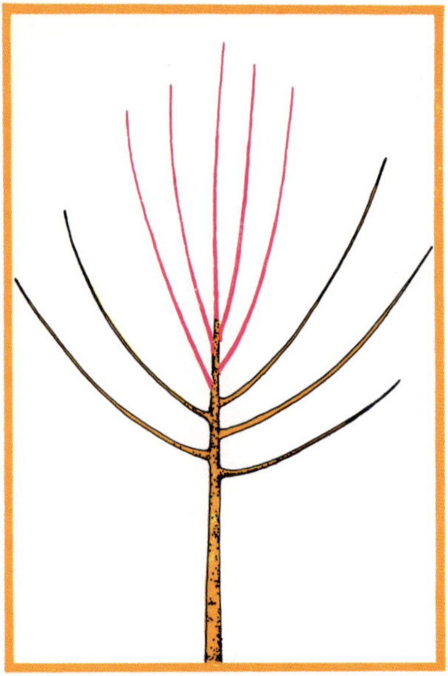

2

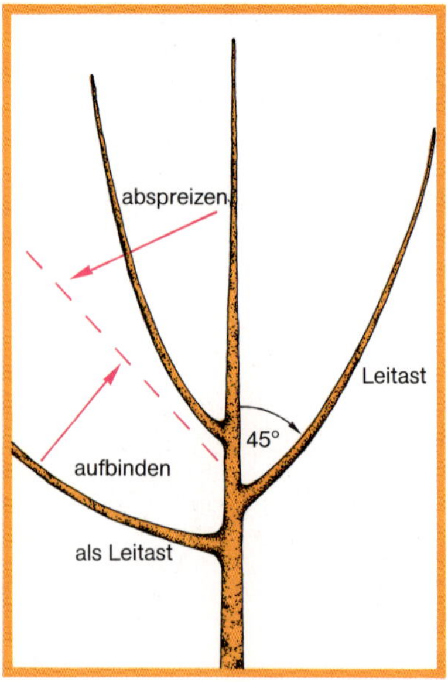

Krone auf. Für die Entscheidung, welcher Trieb sich als Leitast eignet, ist es wichtig, daß der Trieb möglichst stumpfwinkelig vom Stamm abgeht. Es zeigt sich nämlich später, daß alle spitzwinkligen Äste nur schlecht am Mitteltrieb verankert sind und bei Belastung im Alter durch Ernte- oder Schneedruck ausbrechen (Schlitzast).
Beim Formieren wird es wichtig, den Leitastwinkel zum Stamm mit ca. 45° festzulegen, um einerseits eine bestmögliche Statik für die Belastungen und andererseits eine hohe Wuchsförderung zu erreichen. Man hilft sich durch Abspreizen oder Aufbinden, da viele Sorten ganz andere Wuchsprogramme vorgegeben haben.
Besonders günstige Verhältnisse herrschen dann, wenn die Leitäste nicht aus einem Punkt entstehen, sondern gestreut am Stamm stehen. Beim Pflanzschnitt genügen durchaus 2 Leittriebe, da der 3. durch Rückschnitt des Mitteltriebes sicher entsteht. Die oftmals zu enge Leitaststellung führt später unter Umständen zur Abschnürung der Mitte.

Spitzwinkelig angesetzte Äste sind später durch Ausbrechen gefährdet, deshalb werden stumpfwinkelige Astansätze zum Aufbau eines Leitastes bevorzugt (1).

Der ideale Leitastwinkel beträgt 45°; steilere Äste werden abgespreizt, flachere werden aufgebunden (2).

Die ideale Krone

Leitäste werden jährlich zurückgeschnitten, bis der Aufbau abgeschlossen ist. Sie können aber auch in der Ertragsphase immer wieder zur Kreislaufanregung angeschnitten werden (schwache Verjüngungsmaßnahme).

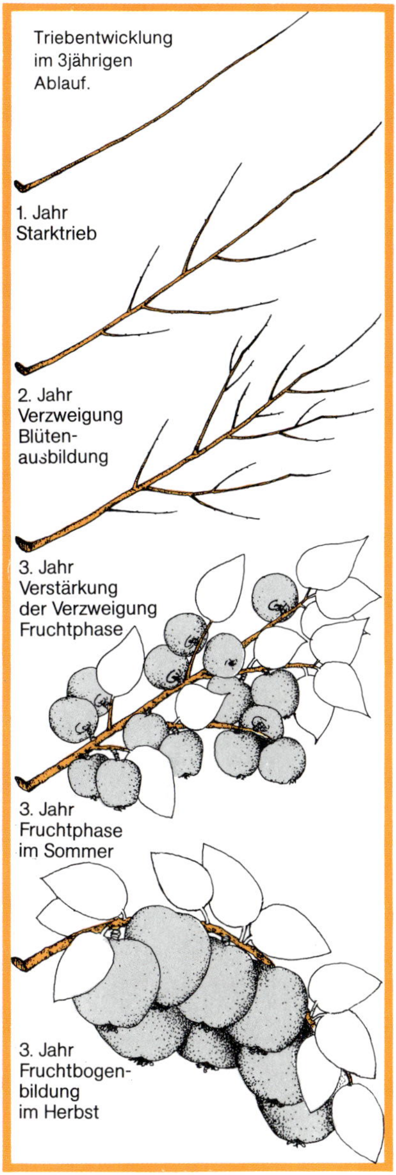

Die ideale Krone

1

2

3

Seitenäste

Nicht mehr als 3 Seitenäste läßt man von jedem Leitast entstehen. Sie sollten vom Stamm einen Abstand von mindestens 60–80 cm haben und untereinander ca. 100 cm Abstand aufweisen, damit die Belichtung ausreichend gesichert wird. Seitenäste werden leicht schräg aufwärts gerichtet, da sie später durch die Erträge absinken. Man versucht, die Triebspitzen wieder aufwärts zu lenken, abzuleiten oder neu aufzubauen, um die volle Ernährung zu sichern.
Bei schwächer wachsenden Sorten oder Sorten, die besonders stark verzweigen und Fruchtholz ansetzen, schneidet man als Wuchsreiz die Triebspitzen jährlich etwas an. Bei stark wachsenden, wenig fruchtenden Sorten unterläßt man jeden Rückschnitt und sorgt nur für ein Freischneiden der Verlängerungen: Die Seitentriebe an der Spitzenformation werden weggeschnitten, so daß die Triebverlängerung einen klaren Wuchsvorsprung bekommt.

Junger Kirschbaum nach dem relativ langen Schnitt (1).

Eine regelmäßig geschnittene Apfelkrone vor dem Schnitt (2).

Etwa 30jähriger gut geschnittener Apfelbaum, Leit- und Fruchtäste klar erkennbar (3).

Fruchtäste

Alle sonst am Leitast entstehenden Nebentriebe, die als Seitenäste nicht eingeordnet werden können, behandelt man als Fruchtäste. Sie werden grundsätzlich niemals zurückgeschnitten, sondern durch Ableiten auf jüngere Triebe so gelenkt, daß ihre Spitze waagrecht oder leicht abwärts zeigt, damit sie niemals zur Konkurrenz für die Seitenäste werden.
Steilstehende, bleistiftstarke Triebe*) versucht man – auch wenn sie auf Seitenästen oder Fruchtästen entstehen –, durch Waagrechtbinden als Ersatz einzuordnen und zu Fruchtästen umzubilden. Ist dafür kein Platz, werden sie weggeschnitten, da unliebsame Reiter sonst das Gleichgewicht der Krone stören.

*) Der Ausdruck »Wasserschosse« ist sinngemäß falsch, da es sich um steilstehende Neutriebbildungen handelt, die ebenso als Reiter oder Ständer bezeichnet werden.

Fruchtholz

Auf den vorgenannten Astarten bildet sich Fruchtholz aus schwachwachsenden Kurztrieben aus, die frühzeitig Blütenknospen bilden und daher im Wuchs stark gestaucht bleiben. Doch ist ein Überhandnehmen der Fruchtholzbildung immer ein Zeichen von Überalterung und bedarf stets der Verjüngung durch »halbieren«. Man leitet die Fruchtspieße oder Fruchtruten auf eine nach außen gerichtete Knospe um, indem man etwa die Hälfte der Fruchtholzbildung wegschneidet.

Werkzeuge

Gutes Werkzeug ist die halbe Arbeit

Die oft größeren und kleineren Wunden bedeuten einen erheblichen Eingriff und Verlust für den Baum. Nur fachgerechte, saubere Arbeit sichert zügige Wundverheilung und rasche Austriebsreaktionen. Gutes Werkzeug ist aufgrund der speziell gehärteten Stahlarten zwar teuer, hat aber den Vorteil, daß es jahrelang hält und wirkliche Arbeitserleichterung bringt. Sparen Sie deshalb beim Einkauf im Fachgeschäft nicht, denn:

> Miserables Werkzeug ist die Quelle dauernden Ärgers.

Für die Arbeit am Baum benötigen Sie eine spezielle Baumschere, Bügelsäge, Hippe und einen Abziehstein.

Einschneidige Leichtmetallscheren

Diese Baumscheren weisen heute speziell gehärtete Chromstahlklingen und kunststoffüberzogene Griffe auf, so daß tatsächlich eine gute Handlage und glatte Schnittführung gewährleistet ist. Feder und Scherenbolzen ölt man von Zeit zu Zeit, während Baumharz leicht mit Benzin entfernt werden kann. Wird die Schere locker und klemmt beim Schneiden, so läßt sie sich mit Hilfe eines mitgelieferten Stahlplättchens

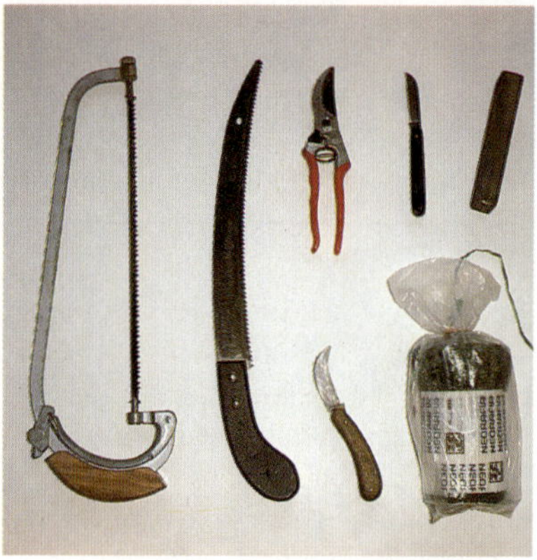

Empfehlenswertes Werkzeug zum Baum- und Beerenobstschnitt.

leicht nachziehen. Ausgebrochene Klingen kann man nach dem Auseinanderschrauben der Schere durch Herausdrücken auswechseln, da die Klinge auf Stiften sitzt.

Bügelsäge

Die Hohenheimer Bügelsäge mit Feststellschraube für das Sägeblatt und einem als Revolvergriff bezeichneten Spannhebel, der das Schwenken des Blattes erlaubt, gehört zum Bestand für die Baumbehandlung. Da kaum noch jemand Sägezähne feilt und schränkt, hat sich überall das Schwedenstahlblatt eingeführt, das einfach ausgewechselt werden kann. Auch hier müssen alle beweglichen Teile am Spanngriff und an der Feststellschraube geölt und das Blatt gelegentlich mit Benzin von Harz befreit werden, um leicht zu laufen. Un-

brauchbar sind alle Sägen, deren Blatt nicht schwenkbar und feststellbar ist. Die Stichsäge mag bei Spalieren an Hauswänden zu empfehlen sein, sonst ist die Bügelsäge stets das funktionsgerechte Werkzeug.
Die kleinen, elektrischen *Motorsägen* eignen sich nur bedingt im Garten. Man kann sie einsetzen, wenn man Bäume zum Umpfropfen abwirft oder größere Äste entfernt. Dabei muß genauso in 3 Arbeitsgängen vorgegangen werden.

So wird die Klinge der Baumschere geschliffen.

Messer

Eine einfache Hippe – eine etwas gebogene Form eines Klappmessers – wird für ältere Bäume unbedingt notwendig, da die Behandlung von ausgerissenen Wunden, Krebsstellen und Wundrändern mit lockerer Rinde und Schnitten, wie das Schröpfen, nur mit einem kräftigen Messer fachgerecht durchgeführt werden können. Die hübschen Veredelungsmesser sind für solche Arbeiten zu schwach und zu schade. Den Drehpunkt des Messers ölt man, bevor es knirscht.

So wird eine Hippe geschärft.

Abziehstein

Schere und Messer sollen rasiermesserscharf sein. Oft haben sie nur einen mäßigen Fabrikschliff. Deshalb schärft man beide auf dem mit Wasser vorher angefeuchteten Abziehstein, der möglichst zweischichtig mit einer etwas gröberen und einer feineren Seite sein soll. Läßt die Schärfe der Klinge nach, zieht man die Schere auf der Grobseite durch kreisende Bewegung der flach aufliegenden Schneide ab. Messer werden stets nur einseitig zuerst grob vorgeschliffen und auf der Feinseite wiederum durch kreisende Bewegung nachgeschliffen. Bildet sich dann ein feiner Grat, so schleift man die Gegenseite ganz vorsichtig und leicht nach. Das Ganze sieht schwieriger aus als es ist. Ausgebrochene Scharten jedoch kann man selbst nicht auswetzen, sie gehören vom Fachmann behandelt.

Desinfizieren Sie Ihre Baumschneidewerkzeuge!

Die Gefahr von Infektionen durch bakterielle Erreger des Feuerbrandes bei Birn- und Äpfelbäumen nimmt offensichtlich zu. Das gilt auch für Bäume in Hausgärten und im Streuobstbau. Um einer Übertragung durch Bakterienschleim bei Schnitt- oder Veredelungsmaßnahmen vorzubeugen, wird heute empfohlen, die Werkzeuge möglichst nach jedem Baum zu desinfizieren. Aufgrund von Versuchen der Forschungsanstalt Wädenswil hat sich das Einstellen in einen Kübel und Übergießen mit kochendheißem Wasser hervorragend bewährt, da nach fünf Minuten Einwirkung eine 100% desinfizierende Wirkung eintritt. Vielfach wird auch das Einlegen in 70% Brennspiritus empfohlen, doch müssen die Werkzeuge dabei 20 bis 30 Minuten eingelegt werden, um eine absolut sichere Desinfektion zu erreichen. Diese hygienische Maßnahme empfiehlt sich auch gegen andere bakterielle oder viröse Übertragungen von Baum zu Baum, insbesondere bei Veredelungen. In Feuerbrandgebieten sind strenge Vorschriften und Meldepflichten einzuhalten. Darüber informieren die Pflanzenschutzämter und Obstbauberatungsstellen.

Schlechte Leitern sind ein Risikofaktor!

Jährlich verunglücken zahlreiche Menschen beim Obstbaumschneiden oder beim Ernten, weil die Leitern nicht ausreichend standfest oder sogar brüchig sind. Je größer die Baumform, desto wichtiger ist es, daß die Leitern auch bei unebenem Gelände absolut standfest stehen. Die Obstbauern haben deshalb sichere Dreipunktaufstellungen und Sicherungen für die Stützen erfun-

1

Aufstellen der Leiter beim Schnitt (1).

Gleitschutz durch Stahlspitzen (2).

Gute Leitern sind absolut standsicher (3).

den. Es gibt genügend Spezialfirmen für Obstbaumleitern, deren Holme griffige Spitzen und Sicherheitseinrichtungen aufweisen. Bewährt hat sich auch die Südtiroler Einholmleiter mit schwenkbarem Fuß, denn sie ist besonders leicht und einfach zu handhaben.
Für die Schnittarbeiten stellt man die Leiter stets so auf, daß man nach rechts in den Baum hineinarbeiten kann und geht im Uhrzeigersinn beim Schneiden um den Baum herum. Für die zuletzt vorgesehene Behandlung des Mitteltriebes kann man dann die Leiter am Stamm einfach anlehnen.
Arbeiten Sie beim Schnitt mit beiden Händen! Sie benötigen deshalb einen festen Stand auf der Leiter, an der Sie »knien«. Während die rechte Hand Säge oder Schere führt, hält die linke den Ast oder Trieb fest, damit dieser nicht federt oder abrutscht. Nur so ist eine sorgfältige Schnittführung möglich, die für das Verheilen der Wunden so wichtig ist.

2

3

Rückschnitt

Rückschnitt ins junge einjährige Holz (Jahrestrieb)

Hier wird die Schere stets über eine nach außen gerichtete Knospe im rechten Winkel zum Trieb angesetzt. Für den Anfänger empfiehlt sich, die Scherenschneide auf der Knospe direkt aufzulegen. Dadurch wird gesichert, daß der Schnitt un-

Rückschnitt beim 1jährigen Holz auf ein nach außen stehendes Auge (1).

Scherenhaltung beim Wegschnitt eines kleinen Astes (Konkurrenztrieb) (2).

Sägenhaltung beim Wegschnitt eines stärkeren Astes (3).

Handhaltung beim Wegschnitt eines schwächeren Astes (4).

Rückschnitt in das 2jährige Holz auf Beiauge: vorher (5), nachher (6); unten: Spreizholz.

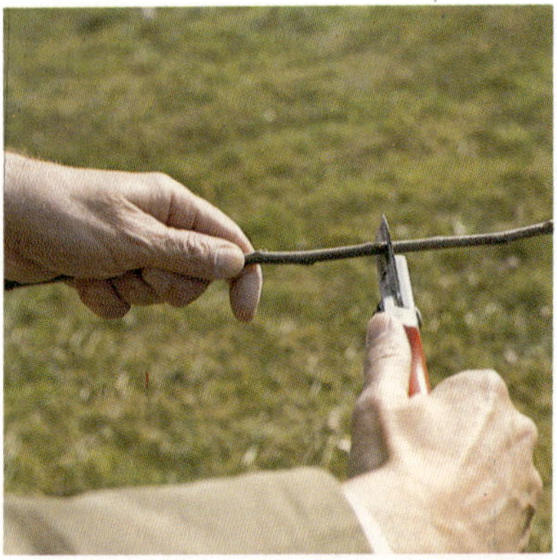
1

2

3

4

mittelbar über der Knospe geführt wird und weder zu schräg noch zu lang geschnitten wird (siehe Abb. 1). Die gewünschte Außenknospe wird so zum Austrieb gezwungen. Vom Erfahrenen wird die entgegengesetzte 2. Knospe gleichzeitig ausgebrochen, um zu verhindern, daß ein spitzwinkliger Konkurrenztrieb entsteht, der später doch weggeschnitten wird.

5

Rückschnitt ins alte Holz (zwei- und mehrjährige Triebe)

Dabei versucht man auf Augen zu schneiden. Findet man keine Möglichkeit, so wird über einem kleinen Nebenast geschnitten. Beim Steinobst läßt man diesen stehen und kürzt ihn ein (Absetzen). Beim Kernobst schneidet man alle Nebentriebe auf Astring (von der neuen Spitze etwa handspannenlang), so daß der Astring deutlich stehenbleibt. Die hier vorhandenen schlafenden Augen treiben beim Kernobst willig aus (Abb. 5, 6).

6

Wegschnitt

Bei bis zu daumenstarken Ästen wird beim Wegschnitt die Schere durch den Astring geführt (Abb. 4). Man arbeitet stets von rechts nach links, was besonders wichtig bei der Beseitigung der Steiltriebe (Reiter oder Ständer) auf den Astoberseiten ist. Die linke Hand faßt den wegzuschneidenden Ast und drückt ihn von der Schere weg nach rechts, so daß der Ast kräftig Spannung bekommt. Nur so kann man auch stärkere Äste ohne große Kraftanstrengung entfernen und bekommt saubere flache Wunden.

Merke: Mit der Schere sollte man nie auf- und ab-arbeiten, da es sonst furchtbare Quetschwunden gibt. Wenn der Krafteinsatz zu hoch wird, greift man besser zur Säge.

Schnitt-Technik

Absetzen heißt Umleiten: Der gezeigte Ast kann an 3 Stellen abgesetzt und dadurch verkürzt oder verjüngt werden. Wo dies durchgeführt werden soll, ergibt sich aus der Stellung zum Gesamtast:
Wenn bei (1) abgesetzt wird, sind die Äste (2), (3) und (a) zu entfernen.

Absetzen, ableiten oder umleiten

Der Schnitt erfolgt bei dieser Arbeit stets an einer Verzweigung. Durch Wegschnitt will man eine Richtungsänderung eines Zweiges erreichen, um eine Wuchsförderung oder eine Bremswirkung zu erzielen. Durch Wegschnitt der abgesenkten Zweigspitze (z. B. abgetragener Fruchtast) und Umleitung auf einen nach oben gerichteten Jungtrieb wird eine günstigere Stellung und damit eine Wuchsförderung des Zweiges erreicht. Schneidet man umgekehrt den aufwärts gerichteten Zweigteil weg, so tritt eine Wuchsbremse durch Unterordnung ein, die eine geringere Neutriebbildung aber stärkeren Blütenansatz zur Folge hat. Mit dem Absetzen oder Umleiten kann eine Funktionsänderung oder Verjüngung eines Astes erreicht werden.

Zapfenschnitt

Dies ist ein besonders kurzer Rückschnitt auf nur 2–3 Augen, den man nur beim Pfirsichschnitt und bei der kurzen Spindel (siehe auch dazu Seite 96 ff. und 107) anwendet.

Sägehaltung beim Ableiten eines älteren Astes auf einen flacher stehenden Seitenast.

10 goldene Schnitt-Regeln

Die 10 goldenen Regeln für den Obstbaumschnitt

Schneiden Sie Obstbäume immer nach Schnittregeln.
Die folgenden Regeln vereinfachen die Arbeit:

1. Beurteilen Sie Gesundheit und Zustand des Baumes sorgfältig.

2. Suchen Sie die Mitte und 3 günstig gestellte Leitäste.

3. Formieren Sie Leit- und Seitenäste im richtigen Winkel zum Stamm.

4. Beginnen Sie mit dem Auslichten, um eine klare Übersicht für weitere Maßnahmen zu bekommen.

5. Fangen Sie mit dem Rückschnitt beim schwächsten Leitast an (Festlegung der Eingriffsstärke).

6. Kürzen Sie anschließend die Seitenäste ein, um sie der Leitastspitze unterzuordnen.

7. Fruchtäste und Fruchtholz ordnen Sie dann den Seitenästen unter.

8. Stellen Sie anschließend die Leitäste in die Waage (Behandlung des 2. und 3. Leitastes wie bei Regel 5–7).

9. Nach der nun folgenden Mitteltriebbehandlung, die durch Auslichten und Rückschnitt der Stammverlängerung charakterisiert wird, stellen Sie die Fruchtäste ein.

10. Vergessen Sie nicht die Wundversorgung und Stammnachschau.

Jede einzelne dieser 10 goldenen Regeln wird auf den folgenden Seiten ausführlich behandelt.

Devise: Erst denken, dann schneiden – umgekehrt gibt's Fehler!

Niederräder Bücherstube

Barbara Brückner

Bruchfeldstraße 34 **60528 Frankfurt/M.**

Telefon 0 69/67 67 92 + 95 **Fax 0 69/67 13 79**

Anz.	D	Preis	DM	Pf

Loose Obstbaumschnitt
BLV
3-405-15220-8
17886362/980223/lamprech/
UMBNR: 198750 KNONR: 1730693
12,90 DM

9 783405152208

001290

Im Endbetrag ist die Mehrwertsteuer mit ______ DM = ____ % enthalten.

Verk.: 00679-50

Bei Irrtum oder Umtausch bitte diesen Zettel vorlegen

10 goldene Schnitt-Regeln

1 ***Beurteilen Sie vor dem Schnitt sorgfältig den Baum von allen Seiten!***

- Wie ist die Wuchsleistung: stark, schwach, befriedigend?
- Ist der Baum noch gesund, oder zeigen sich übermäßige Krebswunden, abgebrochene Äste, Stammwunden?
- Ist die Krone ausgeglichen, ist eine einseitige Leitastentwicklung oder zu starke Mitteltriebförderung zu beobachten, oder beginnt eine Kronenüberbauung?
- Ist der Aufbauschnitt noch notwendig, beendet, erfolgreich?
- Ist die Krone zu hoch? Ist eine Höhenbeschränkung notwendig?
- Beginnt die Verkahlung? Herrscht Lichtmangel, oder ist die Krone zu hoch?
- Ist die Fruchtbarkeit und die Fruchtholzbildung zu hoch, oder ist sie zu gering?

Erst wenn Sie diese Analyse durchgeführt haben, beginnen Sie mit dem Schnitt.

2 Suchen Sie vor dem Schnitt die Mitte und die 3 günstig gestellten Leitäste

Oft sind hier Entscheidungen notwendig, die für die gesamte Schnittbehandlung des Baumes ausschlaggebend sind.
Die 3 Leitäste sollen zur Stamm mitte von oben gesehen in der Form eines Mercedes-Sternes entstehen und zur Stammitte eine Stellung von möglichst 45° aufweisen. Spitzwinkelige Astansätze werden beseitigt, da derartige Äste später gerne ausbrechen (ausschlitzen). Man bevorzugt Äste, die stumpfwinkelig abgehen, da sie besser verankert sind. Bei Kronen mit bereits geneigten Gerüstästen kann man einen der steil stehenden Ständer oder schwache Fruchttriebe, die sich auf den Scheitelpunkten der Bogen entwickeln, zum Aufbau als Leitast verwenden.

3 *Formieren der Leit- und Seitenäste*

Um die Stellung zum Mitteltrieb bei jungen Bäumen zu regulieren, kann der Leitast durch Abspreizen gesenkt oder durch Aufbinden steiler gestellt werden, so daß alle Äste dann gleichmäßig im Winkel von 45° zum Stamm stehen. Dadurch wird die gleichmäßige Triebförderung der Leitäste erreicht. Oft stellt man schwachwachsende Leitäste sogar vorübergehend sehr steil, um ihren Wuchs zu fördern, was man durch Schröpfen unterstützen kann. Seitenäste sollen einen möglichst flachen Abgangswinkel aufweisen (ca. 60°), müssen aber stets nach schräg aufwärts gerichtet bleiben. Die hoch am Leitast stehenden Seitenäste sind meistens zu steil, während die tieferstehenden bei Ertragseintritt gerne absinken. Im ersten Fall hilft man sich durch Abspreizen oder Ableiten, im zweiten hilft man sich durch Aufbinden.

4 Auslichten, um eine klare Übersicht zu bekommen

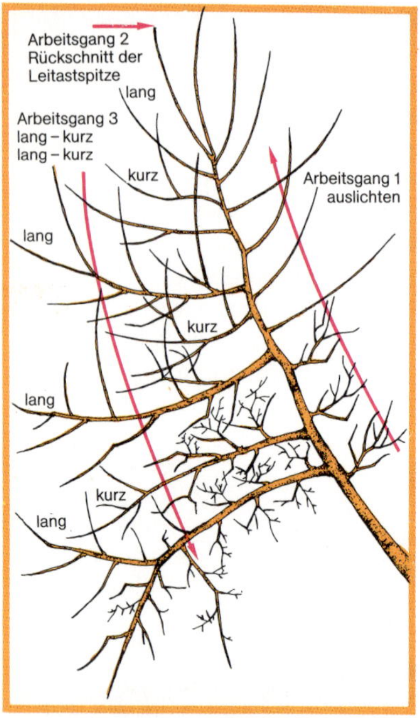

Arbeitsablauf beim Schnitt eines Leitastes mit der Behandlung der Seiten- und Fruchtäste.

Beim Aufbau junger Kronen werden zunächst alle auf den Leitästen entstandenen Triebe, die in das Kroneninnere hineinwachsen, auf Astring entfernt. Besonders wichtig ist die Beseitigung der Konkurrenztriebe an der Mitte. Oft bilden sich dort bei stärkerem Rückschnitt ganze Bündel spitzwinkeliger Triebe, so daß man die Möglichkeit hat, die Mitte auf den günstigsten umzulenken. Auch alle Ständer auf den Seitentrieben werden entfernt.

In älteren Kronen ist das Auslichten die bedeutendste Arbeit, um Licht in das Kroneninnere zu bekommen. Die alte Regel »Alles was sich reibt oder zu eng steht, muß entfernt werden«, ist für eine systematische Arbeit unbrauchbar. Durch die Bestimmung der Leitäste wird sofort klar, welche Äste beim Auslichten entfernt werden müssen. Um größere Stammwunden zu vermeiden, genügt es oft, durch Ableiten eine starke Verkürzung zu erzielen, so daß diese Äste nun die Aufgabe von Seitenästen übernehmen können.

5 *Der schwächste Leitast wird zuerst geschnitten*

Je nach Verzweigung und Länge des Austriebs muß hier das richtige Maß des Rückschnittes gefunden werden. Bitte lassen Sie das gesamte übrige Triebwachstum unberücksichtigt; nur wenn Sie vom schwächsten Leitast ausgehen, gelingt es, den Baum zu einem gleichmäßigen Kronenaufbau zu zwingen!

Bei schwachem Jahrestrieb oder unzureichender Verzweigung kürzt man den Jahrestrieb etwa auf die Hälfte auf ein nach außen stehendes Auge ein. Bei starker Triebleistung und geringer Verzweigung wird der Jahrestrieb um $^2/_3$ auf ein nach außen stehendes Auge zurückgenommen. Das nach außen stehende Auge soll den Ast geradlinig verlängern. Seitenaugen sind dazu unbrauchbar. Die oberseits stehende Knospe bricht der Könner gleichzeitig aus und spart den Wegschnitt eines Afterleittriebes im nächsten Jahr.

Will man in älteren Kronen zur Höhenbeschränkung die Leitäste absetzen, so gilt auch hier: den schwächsten zuerst!

Schnittbehandlung des Leitastes einer 7jährigen Krone. Beurteilung: Williger Austrieb, daher nur geringer Rückschnitt; der tiefste Seitenast fällt ab, so daß eine erste Fruchtholzverjüngung durch Ableiten notwendig wird.

6 *Seitenäste klar der Leitastspitze unterordnen!*

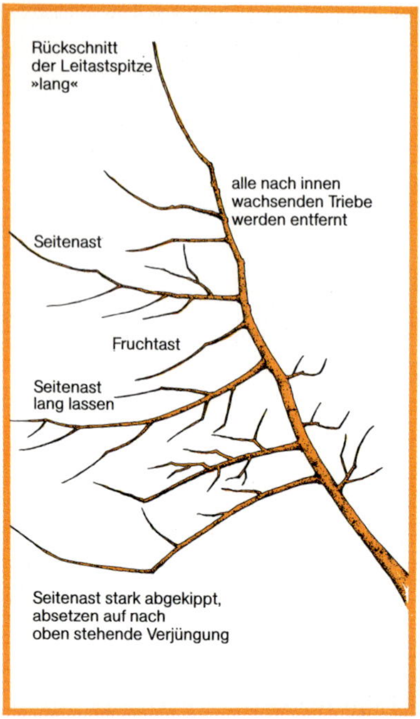

Derselbe Leitast *nach* dem Schnitt; die Seitenäste wurden durch Absetzen der Leitastspitze untergeordnet.

Am Leitast sollen optimal nicht mehr als 3 Seitenäste entwickelt werden, wobei einer nach links, einer nach rechts und einer in die Mitte – von der Leitastspitze aus gesehen – zeigen soll. Seitenäste zeigen mit der Verlängerung schräg nach oben und werden grundsätzlich einem Rückschnitt unterworfen, um die Triebleistung neu anzuregen. Man setzt dabei als Hilfe von der Leitastspitze aus einen Winkel in 45° zum Boden als Rückschnittlinie für die Seitenäste an. Auf diese Art wird eine möglichst breit ausladende, gut belichtete Krone erzielt.
Bewährt hat sich die *Methode Lang-kurz-lang:* Wie der Name dieser Methode andeutet, werden die Seitenäste lang gelassen – Fruchtäste auf halber Länge durch Absetzen beschränkt.

7 *Fruchtholz und Fruchtäste werden den Seitenästen deutlich unterstellt*

Der Abstand der Seitenäste untereinander muß mindestens 1 m betragen, besser noch mehr, damit die Belichtung des dazwischenstehenden Fruchtholzes und der Fruchtäste ausreichend gesichert ist. Diese Forderung wird bei vollem Fruchtbehang wichtig, da die Äste unter der Last der Ernte sich gerne durchbiegen. Dies gilt besonders für die schwächeren Fruchtäste. Sie bleiben im Jugendstadium ungeschnitten, um rasch Blütenansatz zu bilden. Stellen sie später eine Längenkonkurrenz für die Seitenäste dar, so wird durch Absetzen die Spitze nach unten gerichtet und damit das Längenwachstum gestoppt. Das kurze schwachtriebige Fruchtholz wird grundsätzlich keinem Rückschnitt unterworfen, sondern nur durch Absetzen auf ein nach außen gerichtetes Auge umgeleitet oder bei der Verjüngung verringert und verkürzt.

Nur durch Absetzen wurde das Fruchtholz vereinfacht. Schwache, junge Fruchttriebe wurden erhalten.

8 *Leitäste in die Waage stellen*

Nach Durchbehandlung des ersten Leitastes mit seinen 3 Seitenästen und dem gesamten Fruchtholz und den Fruchtästen wird nun der 2. und später der 3. Leitast genau auf die gleiche Höhe des 1. Astes gestellt. Die Leitastverlängerung wird von Konkurrenztrieben auf mindestens 30 cm freigeschnitten und dann nach Punkt 5 und 6 (Seite 43, 44) durchbehandelt.

Wichtig: Nur wenn die Leitäste untereinander auf die gleiche Höhe zurückgeschnitten wurden und eine möglichst gleichmäßige Verteilung der Seitenäste (um die ganze Krone), der Fruchtäste und des Fruchtholzes erfolgt ist, wird ein gleich großer Triebreiz auf alle Kronenteile erzielt und damit ein gleichmäßiger Kronenaufbau erreicht.

Es wird stets von recht nach links gearbeitet. Hier: Wegschnitt aller nach innen stehenden Triebe auf dem Leitast.

9

Mitteltrieb zuletzt behandeln

Als letzte reine Schneidemaßnahme erfolgt der Rückschnitt des Mitteltriebes, dessen Höhe sich durch einen gedachten dachartigen Winkel von 120° auf der Ebene der Leitästespitzen ergibt. Bei schwacher Mittebildung bildet man eine spitze Dachform (Winkel = 100°), was zu einer stärkeren Triebförderung führt. Bei zu starker Mitteltriebförderung, was bei allen Birnen, manchmal aber auch bei Apfel und Süßkirschen der Fall ist, wählt man einen flachen Dachwinkel (135°), um das Wachstum des Mitteltriebes zu bremsen.
Nach Beseitigung der Konkurrenztriebe erfolgt die Behandlung des gesamten Seitenholzes am Mitteltrieb als kurze, waagrechte Fruchtäste (siehe auch Regel 7). Bei stärkerem Wuchs muß die Ableitung nach unten gerichtet werden. Insgesamt wird am Mitteltrieb das Seitenholz kegelartig aufgebaut, um die Belichtung der Leitäste und der nordseitigen Seiten- und Fruchtäste zu sichern.

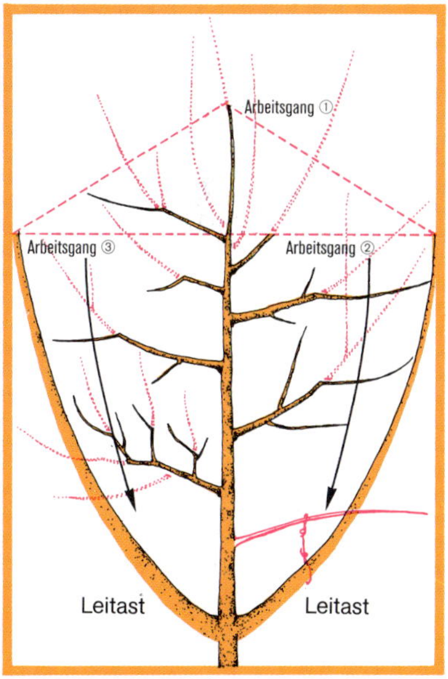

10 Wundversorgung

1

2

3

Alle Wunden mit einem Durchmesser über 2,5 cm werden (besonders beim empfindlichen Steinobst) mit Wundverschlußmitteln aus Baumwachs oder Kunststoffen gut deckend verstrichen. Diese Abdeckung verhindert das Austrocknen der empfindlichen Kambiumzone und das Eindringen von Frost und Wasser sowie Holzinfektionen und fördert die Bildung eines Wundwulstes. Die Elastizität des Baumwachses soll Sommer und Winter erhalten bleiben, deshalb sollte man kräftig auftragen. Nur in Ausnahmefällen hilft man mit der Hippe nach. Auch alte Wunden sorgfältig kontrollieren! Alte Wundwachsreste auskratzen, vertrocknete Rindenteile beseitigen und Wunden säubern. Dann trägt man frisch Baumwachs auf.
Einzelheiten siehe ab Seite 53.

1 Eine unversorgte Wunde reißt leicht auf und bietet Angriffsflächen für Pilzinfektionen.

2 Die Verschlußmittel werden mit dem Pinsel dick aufgetragen.

3 Sägewunde, gut mit Wundverschlußmittel abgedeckt.

Nach dem Schnitt wird die Stammnachschau wichtig

Bei einer Stammnachschau sind die folgenden Punkte zu beachten:

- Reibt der Pfahl den Stamm auf? Wenn ja, muß man den Pfahl entfernen.
- Sitzt das Band zu fest? Wenn ja, sollte das Band aufgeschnitten werden.
- Haben der Draht oder die Schnur eingeschnitten? Wenn ja, müssen Draht oder Schnur entfernt werden.
- Krebswunden ausschneiden und mit Krebstod behandeln.
- Alte Wunden evtl. aussägen.
- Ist ein Pfahl noch notwendig? Wenn nicht, ist er zu beseitigen.
- Anfahrwunden (Rasenmäher) behandeln.
- Sind Schröpfschnitte notwendig? Siehe auch Seite 59.
- Stamm- oder Wurzelaustriebe entfernen.

Baumband und Pfahl sind notwendig

Junge Obstbäume erhalten in den ersten 5–7 Jahren einen etwa 2,25–2,50 m langen Baumpfahl mit einer Zopfstärke von 6–7 cm, den man ca. 50–60 cm tief in den Boden schlägt. Die Höhe richtet sich nach der Stammhöhe, da der Pfahl bei Buschbäumen, Nieder- und Hochstämmen ca. 10 cm unter dem untersten Ast enden soll. Beispielsweise erhält ein Buschbaum mit 60 cm Stammhöhe und 60 cm Rammtiefe nur einen ca. 110 cm langen Pfahl. Die Bäume werden mit Kokosstrick, Lederband oder Plastikschlauch, aber auch mit käuflichen Baumbändern möglichst hoch am Pfahl festgebunden, wobei das Band sich grundsätzlich zwischen Stamm und Pfahl überkreuzt. Dadurch entsteht ein Polster, das Reibestellen verhindert. Das Band wird mit einem Krampen am Pfahl festgenagelt, damit es bei Windbewegungen nicht abrutscht.

Fachgerechtes Anbinden mit Kokosstrick.

Stammnachschau

Nur Spindelbüsche erhalten zeitlebens einen 2,50 m langen Pfahl, da ihr Wurzelwerk für keine Standfestigkeit bürgt. Wegen der geringen Stammstärke wird es notwendig, 2 Baumbänder anzubringen, da die Spindel bei der Belastung durch große Erträge sonst bricht. Der Sitz des Baumbandes muß jährlich – am besten beim Schnitt – kontrolliert werden, damit das Band den Baum nicht abschnürt.

Formierungsarbeiten beschleunigen den Erziehungserfolg

Um den jüngeren Ästen eine bestimmte Funktion zuzuweisen, hilft man sich durch Formieren mit Stäben, Abspreizen oder Aufbinden.

Das Stäben

Um den Leitastspitzen oder dem Mitteltrieb eine gewünschte Richtung zu geben, wird es manchmal notwendig, daß man sich eines Stabes bedient, der im unteren Drittel am Hauptast mindestens zweifach angebunden wird und der Spitze die gewünschte Richtung durch Anbinden des weichen Triebes gibt. Dies kann besonders notwendig bei Sorten werden, die zu bogenförmigem oder hängendem Wuchs neigen. Um ein Abrutschen der Bindeschnur zu verhindern, sucht man sich einen kleinen Ast oder ein Auge als Widerlager.

Das Abspreizen

Manchmal zeigt sich, daß der natürliche Kronenaufbau viel zu steil

Stäben einer Astverlängerung mit einem Bambusstab, der mit Bast mehrfach angebunden wurde (links); Fruchtäste werden waagerecht gebunden (rechts).

ist, um das gesetzte Ziel einer breit ausladenden, dem Licht zugewandten Krone zu erreichen. So wird es notwendig, nicht nur die Leitaststellung auf 45° zu formieren, sondern auch die Seitenäste in einen stumpferen Winkel zu bringen, um zu verhindern, daß die ganze Krone sich besenartig weiterentwickelt. Zum Abspreizen bereitet man sich ein Spreizholz vor, das an beiden Enden keilförmig, aber nicht zu spitz zugeschnitten wird. Beim Einsetzen der Spreizhölzer muß man darauf achten, daß sich auf beiden Enden ein Widerlager findet. Meist bietet sich dazu eine Verzweigung, ein Aststummel oder eine Verdikkung bei einem Fruchtholzansatz an. Wesentlich ist, daß das Spreizholz unter einer gewissen Spannung steht, damit es bei Wind und Wetter nicht herausspringt. Im Laufe des Sommers kann man meistens die Spreizhölzer entfernen, um zu verhindern, daß zu scharfe Druckstellen und damit Krebseingangswunden entstehen.

Das Binden

So wie man zu steil stehende Äste abspreizt, kann man umgekehrt auch Äste, die zu flach stehen, mit Hilfe eines möglichst dicken Bindfadens oder einer Nylonwäscheleine steiler stellen.
Um rasch zu frühen Erträgen zu kommen, stellt man die für den Kronenaufbau bedeutungslosen Äste durch Waagrechtbinden zu Fruchtästen um. Das Wuchssteuerungsprogramm wird dadurch entscheidend geändert, und es bilden sich im Lauf der Vegetationsperiode Blütenaugen aus. Um Einschnürungen zu vermeiden, knotet man lockere Schlingen, da die Einschnürungen erfahrungsgemäß zu Astbruch oder starken Wunden führen. Die waagrecht gestellten Äste werden zwar noch stärker und verlängern sich auch geringfügig, lassen aber im Gesamtwachstum stark nach und bilden zumeist zahlreiche Fruchtaugen und Fruchtansätze aus, so daß das Ziel einer Ertragsverfrühung auf einfache Weise erreicht werden kann.

Bindematerial: Bindedraht, Bast, Kokosstrick und Plastikbinder.

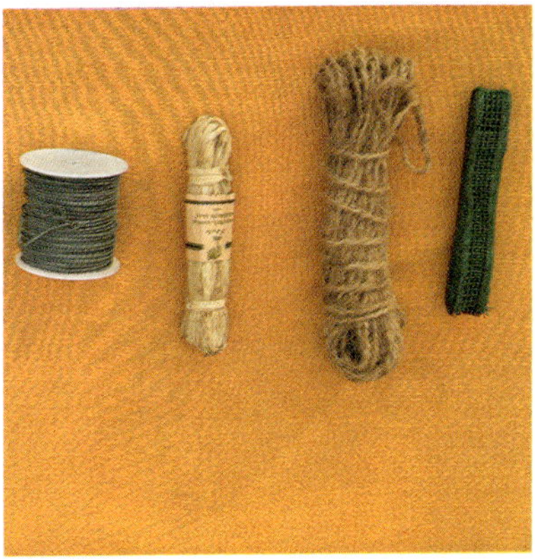

Das Ast-Absägen

1

2

3

Das Absägen junger Äste ist bis zu einem Astdurchmesser von 2,5 cm einfach: Mit der linken Hand hält man den waagrechtstehenden Ast fest und sägt fast senkrecht durch den Astring. Bei senkrechtstehenden Ästen drückt die linke Hand kräftig nach links, bis der Ast eine gewisse Spannung erhält, damit die Säge von rechts leicht eindringt. Bei sehr langen und schweren Ästen ist besondere Vorsicht geboten, damit der Ast unter seinem Gewicht nicht plötzlich abkippt. Die Sägeführung durch den Astring führt zu einer raschen Überwallung, da in ihm Wuchsstoffe gespeichert sind.

Da die saftführende Rinde besonders im Frühjahr beim Absägen von alten, großen Ästen in langen Fetzen abreißt, was zu schlecht verheilenden Wunden führt, geht man hier so vor:

Zunächst sägt man auf der Unterseite ca. 50 cm vom Stamm entfernt den Ast kräftig ein (1).

Dann wird in einem Abstand von ca. 60–70 cm vom Stamm von oben her der Ast abgesägt und bricht rasch ab (2).

Erst jetzt wird der Aststummel besonders vorsichtig nachgeschnitten. Die Sägeführung erfolgt durch den Astring ganz leicht nach außen schräg (3).

Bei rauher Sägeführung glättet man mit der Hippe **flach** den Wundrand nach. Es darf nicht abgerundet werden (4).

4

5

Sorgfältige Wundversorgung verhindert Schäden!

Während sich kleinere Schnittwunden rasch wieder schließen, ist bei größeren Sägewunden, Anfahrwunden oder Rindenverletzungen die Gefahr gegeben, daß die Überwallung nur zögernd einsetzt und der Holzkörper lange Zeit holzzerstörenden Witterungseinflüssen ausgesetzt ist. Voraussetzung für eine gute Wundverheilung ist stets exakte, saubere Arbeit mit Schere, Säge und Messer.

Für den Wundverschluß eignen sich die im Handel erhältlichen Wund- und Baumwachse und Verschlußmittel auf Kunststoffbasis. Man trägt sie mittels Spachtel oder eines flachen Stabes so auf, daß die Wundränder zum Schutze des Kambiums lückenlos überdeckt werden. Auf nassem Holz halten Verschlußmittel schlecht. Deshalb sollte man sie sofort nach Beendigung der Arbeiten auftragen. Um Pilzinfektionen sicher auszuschließen, empfiehlt es sich, alle größeren Wunden mit Verschlußmitteln abzudecken und das falls notwendig jährlich zu wiederholen (5). Krebswunden und alte Frostwunden sind besonders sorgfältig bis ins gesunde Holz nachzuschneiden und werden mit speziellen Krebssalben behandelt. Die Erfahrung zeigt, daß derartig behandelte Wunden hervorragend verheilen. Umfassen allerdings die Wunden mehr als die Hälfte des Astes, so wird es notwendig, diesen ganz zu entfernen.

Merke: Durch längeres Abtrocknen der Kambiumschichten vergrößern und verschlechtern sich alle Wunden. Deshalb muß man Wunden und Verletzungen so rasch wie möglich versorgen.

Wundverheilung

So funktioniert die Wundverheilung

Ähnlich wie der Mensch ein Blutkreislaufsystem besitzt, über das u.a. Nährstoffe und Gase zu den verschiedenen Organen transportiert werden, haben die Bäume ein Wasserstrom-Saftstrom-System. Der von der Wurzel zu allen grünen Teilen führende »*Wasserstrom*« versorgt sämtliche Gewebe mit Nährstoffen, die aus den mineralischen oder organischen Bestandteilen des Bodens gelöst werden. Ihm steht ein von den Blättern zu den Wurzelspitzen gerichteter *Saftstrom* entgegen, der alle Teile des Baumes mit zuckerhaltigen und eiweißreichen Verbindungen zum Aufbau neuer Zellen versorgt. Während der aufwärts steigende Strom sich ausschließlich im Splintholz des Stammes abspielt, findet der

Vereinfachtes Schnittbild durch den Stamm: Das Kambium produziert laufend nach außen Siebröhren, die den Baustoffstrom leiten, während nach innen Splintholz gebildet wird, dessen Röhrensysteme den Wasser- und Nährstofftransport übernehmen.

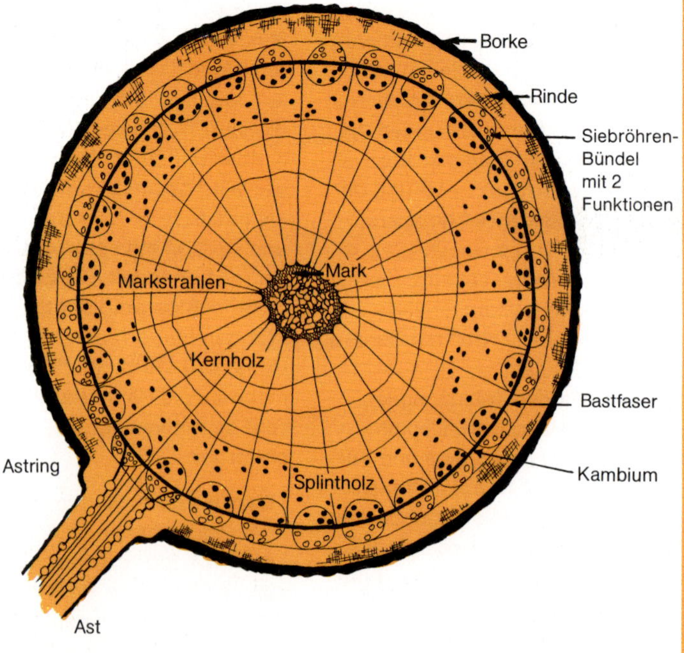

abwärts fließende Baustoffstrom nur im Bastteil der Rinde statt. Zwischen Holz und Bast produziert ein teilungsfähiges Zellgewebe (Kambium) je nach Jahreszeit unterschiedlich große, Zellen. Im Frühjahr sind dies große lockere Zellen, die zum Herbst hin immer kleiner und holziger werden, was sich als Jahresring im Stamm deutlich abzeichnet. Hier liegt die Ursache für das Dickenwachstum.

Das *Kambium* ist also besonders teilungsaktiv und wird durch die anliegenden Versorgungsleitungen des Bastes (Phloem) hervorragend mit Baustoffen (Assimilaten) versorgt. Durch Schnitt- oder Sägewunden wird das Teilungsgewebe (Meristem) angeregt, an dieser Stelle verstärkt neue Zellen zu bilden. Diese Eigenschaft unterstützt man durch möglichst flache Wundenführung am Stamm, um die Heilgewebebildung möglichst in den Bereich der Kambiumzone und der Baustoffströme zu bringen. Bei richtiger Schnittführung verläuft das Wundgewebe hufeisenförmig von oben her und fördert die seitlich rechts und links der Wunde stehenden Gewebeteile.

Die *hohe Teilungsfähigkeit* des Kambiums weckt bei großen Wunden oder starker Verjüngungsmaßnahmen schlafende Augen zum Austrieb aus der Rinde. Besonders Apfel und Birne zeigen eine starke Reaktion, so daß man bei Verjüngungsmaßnahmen bewußt ins »kahle Holz« schneidet, um Neutriebbildungen anzuregen. Beim Steinobst ist eine derartige Reaktion nur sehr unregelmäßig zu erwarten, so daß man bei Verjüngungsmaßnahmen gezielt auf kleine Seitentriebe absetzen muß.

Die Wundverheilung kann damit erklärt werden, daß die Wunde mit Baustoffen aus der Laubkrone versorgt wird.

Neutriebe an der Wunde erhalten, da sie die Verheilung fördern.

1

2

Spezielle Fragen der Wundbehandlung

Kleine Zugäste

Diese aus dem Wundwulst wachsenden Äste fördern die Verheilung, so daß man derartige Triebe nicht wegschneidet, sondern durch Waagrechtbinden oder mäßigen Rückschnitt etwas kürzt. Diese Triebe wirken wie Baustoffpumpen.

Wundwülste

Durch leichte Schröpfschnitte in der Senkrechten kann man Wundwülste zu verstärktem Dickenwachstum anreizen (siehe auch S. 59). Mit der Hippe zieht man von oben nach unten ca. 5–7 cm lange abgesetzte Schnitte nicht zu tief durch den Wulst. Dadurch verbreitert sich die Überwallung rasch und sorgt für die Schließung der Wunde.

Anfahrwunden, Rindenrisse durch Frost, Platzwunden

Diese Wunden schneidet man nicht mit der Hippe nach. Man würde sie unnötig vergrößern; deshalb verbindet man diese Wunden mit einem in Lehmbrei getauchten Sackleinen. Wer hat, setzt Kuhmist zu, der die Verheilung beschleunigt. Im Herbst darauf entfernt man die Bandagen,

3

4

Bei dieser Krebswunde kommt jede Hilfe zu spät – wegschneiden (1).

Bei dieser Frostwunde kommt jede Hilfe zu spät. Verheilung ausgeschlossen (2).

Frostwunde, sofortige Baumwachsabdeckung notwendig (3).

Eine zu große Kopfwunde führte zum Absterben einer ganzen Rindenseite (4).

da sich darunter gerne Insekten einnisten oder Feuchtigkeit ansammelt. Der moderne Verschluß erfolgt mit Kunststoffpräparaten, die sehr elastisch, aber auch teuer sind. Bei *Frostwunden*, deren Rindenlappen weghängen, nagelt man die Rindenflügel mit großkopfigen kurzen Nägeln vorsichtig fest und verbindet dann erst. Rindenverluste über 35% des Stammes führen meist zum Tod.

Armdicke Stammwunden

Hier handelt es sich um gefährliche Amputationen, die zu »Kreislaufschäden« führen können. Man sollte sie besser vermeiden, indem man versucht, den zu entfernenden Ast auf einen Nebenast abzusetzen. Übermäßig große Wunden überwallen zwar langsam, benötigen aber viele Jahre, um sich zu schließen, und sind meistens das Einfallstor für Holzfäulnis.

Spezielle Wundbehandlung

Kopfwunden

Dies sind besonders große Wunden, die durch radikales Absägen des Mitteltriebes oder beim Abwerfen großer Äste astoberseits entstehen. Sie verheilen, wenn ihr Durchmesser größer als 8 cm ist, sehr schwer. Bei alten Birnbäumen wird trotzdem die Mitte oft um mehrere Meter zurückgesetzt, da niemand die hohen Riesen abernten will. In der Schweiz sieht man, daß die Neuaustriebe noch 10–15 Ernten liefern.

Hagelwunden

Durch Hagelschlag können gefürchtete und zerfetzte Platzwunden an Stamm und Ästen entstehen. Auf der Westseite liegt der Stamm weitgehend offen. Nur total verletzte Äste schneidet man weg. Die Wundbehandlung besteht ausschließlich darin, daß sofort mit Wundwachs abgedeckt wird. Besonders bei jungen Bäumen ist die Soforthilfe die Hauptsache. Um die Verheilung zu fördern, schröpft man die gesunde Rindenseite, so daß die Spannung der Rinde nachläßt. Im Folgejahr schröpft man die verletzte Hagelseite leicht an und verhindert dadurch spätere Rindenverhärtungen. Gleichzeitig wiederholte Blattspritzungen und leichte Düngergaben überwinden Hagelschäden in zwei Jahren fast völlig. Der Rückschnitt wird in dieser Zeit ganz ausgesetzt und auf ein Auslichten beschränkt, da der Baum jedes Blatt dringend benötigt. Erst danach setzt man mit einer leichten Verjüngung an.

Trockene Zapfen

Sie entstehen, wenn die gewünschten Knospen, beispielsweise bedingt durch Frostschäden, nicht austreiben. Bereits im Sommer schneidet man bis aufs gesunde Holz nach. Schwierig ist die Nachbehandlung von Trockenstellen an Kopfwunden. Mit einer besonders feinen Säge versucht man von unten her, den Trockenkeil nach schräg oben so abzusägen, daß die Wundführung in das lebende Kallusgewebe kommt, um eine Überwallung sicherzustellen. Das Wundgewebe überwallt Kopfwunden, die außerhalb des Baustoffstromes stehen, niemals!

Das Schröpfen

Diese Methode ist eine der ältesten Schnitthilfen, um das Dickenwachstum des Stammes oder von Wundrändern zu fördern. Es wird insbesondere dann angewandt, wenn die Wuchsleistung des Baumes zu gering ist und der nötige »Schwung« offensichtlich fehlt.
Mit der Hippe zieht man von oben nach unten ca. 7–10 cm lange, nicht zu tiefe Schnitte durch die Rinde,

um das Kambium zu einer raschen Neubildung von Zellgewebe anzuregen. Da oftmals die Rinde durch äußere Störungen vorzeitig verhärtet, steht das Kambium unter starkem Druck und kann sich nicht ausreichend dehnen. Will man einzelne Astpartien, z.B. einen zu schwach entwickelten Leitast, stärker fördern, so schröpft man die Astunterseite entlang bis zu dem Stamm und erreicht damit eine zusätzliche Nährstoffversorgung im Wechselspiel: Astwachstum fördert Wurzelwachstum – Wurzelwachstum verstärkt das Astwachstum. Die Schröpfschnitte sollten nicht unbedingt in einer Linie durchgezogen werden, da die Rinde sonst platzt. Man setzt daher beim Schnitt nach 7–10 cm ab und versetzt den nächsten Schnitt »auf Lücke«, so daß eine gebrochene Linie entsteht. Die Maßnahme kann in der grünen Jahreshälfte immer durchgeführt werden; die Schnitte verheilen während der Vegetationsperiode sofort. Verstreichen erübrigt sich.

So werden Schröpfschnitte am Stamm oder an Ästen angebracht.

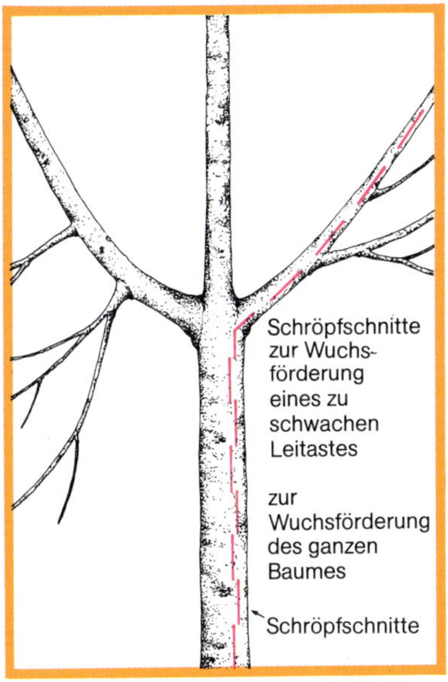

Das Schröpfen der Wundwulste hilft zur Gewebedehnung und damit rascher Verheilung.

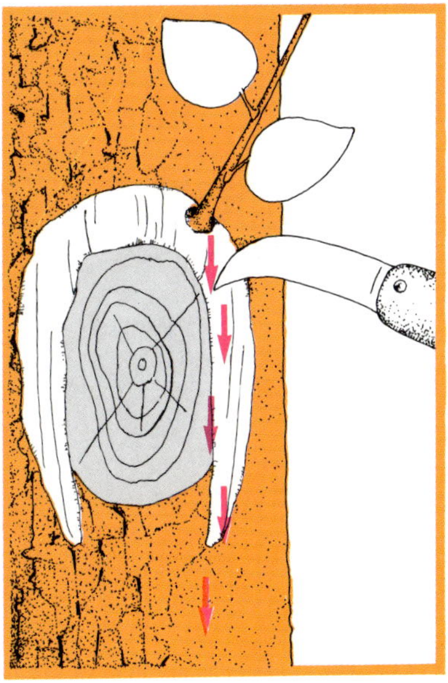

Wann ist die beste Schnittzeit?

Der Winterschnitt ist die übliche Schnittart, so daß man nach dem Laubfall bereits beginnen kann. Es ist selbstverständlich, daß bei tiefen Frösten unter −5 bis −10 °C die Schnittarbeiten eingestellt werden. Am günstigsten erweist sich die Zeit im Januar und März für Apfel, Birne, Zwetschge und Süßkirsche. Nur die frostempfindlichen Aprikosen und Pfirsiche schneidet man grundsätzlich erst kurz vor dem Aufbrechen der Knospen, um Trieb- und Knospenschäden durch Spätfröste zu vermeiden.
Im Garten fängt man mit Apfel, Birne und Zwetschge an, da eine zu späte Schnittausführung eine sehr viel schwächere Austriebsleistung

Laubkrone
vor der Behandlung
Ziel: Auslichten und Formieren

zur Folge hat, weil schon große Mengen von Baustoffen in die Spitzen transportiert wurden, die bei spätem Schnitt verlorengehen. Im kalten Februar legt man eine Schnittpause ein. Der Kirschen-Schnitt folgt im März. Auch alle Spindelbüsche schneidet man möglichst erst im März, da extreme Frosttemperaturen bei Bäumen auf schwachwachsenden Unterlagen, wenn sie geschnitten wurden, erhebliche Ausfälle bringen.
Die einzige Ausnahme bildet die Walnuß, weil sie bei Schnitt im Frühjahr austrocknet oder ausblutet. Der Pflanzschnitt, falls er überhaupt notwendig wird, kann ebenso wie jede andere Schnittarbeit am besten im August durchgeführt werden, da dann die Wunden sich sofort schließen und verheilen.

Laubkrone
nach der Behandlung

Sommerschnitt

Der Sommerschnitt bringt viele Vorteile!

Im Juli und August führt man den Sommerschnitt besonders bei Jungbäumen und Spalieren durch, der sich aber auf die Beseitigung von Trieben, die man im Winter sowieso entfernen würde, beschränkt. Die Konkurrenztriebe an den Leitästen und an der Mitte sowie steile Ständer schneidet man auf Astring weg. Dadurch wird die Kronenentwicklung ganz erheblich gefördert, und die Wuchskraft des Baumes wird ausschließlich auf die später gewünschten Triebe gerichtet. Sie werden dadurch stärker und reifen besser aus. Interessant ist, daß vom Sommerschnitt auch eine Bremswirkung auf das Wurzelwachstum ausgeht, wodurch der Fruchtansatz

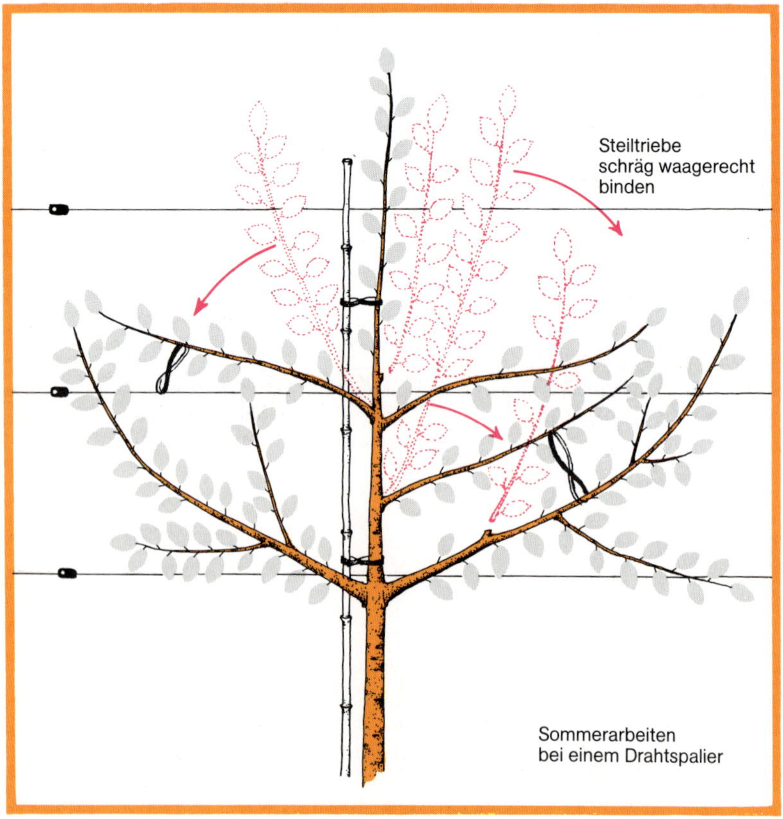

Sommerarbeiten
bei einem Drahtspalier

sehr verbessert wird. Gleichzeitig versucht man im Sommer, durch frühzeitiges Formieren und Waagrechtbinden Langtriebe in spätere Fruchttriebe umzuwandeln. Diese Arbeiten lohnen sich bei Spindelbüschen und Spalieren ebenso wie bei Jungbäumen.
Außerdem kann man zu stark wachsende Triebe durch einfaches Auskneifen der Spitzen mit dem Daumennagel bremsen, um beispielsweise einem bisher weniger wuchsgeförderten Trieb die volle Wuchskraft zugute kommen zu lassen. Überflüssige schwächere Triebe, die sich nicht einordnen lassen oder zu dicht stehen, setzt man auf Stummel, wobei 2–3 Blätter über der Rosette erhalten werden. Man hofft, daß dieser Stummel später Blütenknospen ansetzt. Fürchtet man aber einen weiteren Durchtrieb, so schneidet man auf die Blattrosette zurück. Bei Kirschen, Aprikosen und Pfirsichen darf kein Stummel- oder Rosettenschnitt durchgeführt werden, da die Stummel zurücktrocknen. Der Umfang des Sommerschnittes richtet sich nach der Triebstärke des Baumes insgesamt und nach der Behangdichte. Bei vollem Fruchtbehang wird nur ausgelichtet. Bei nichttragenden Bäumen führt man dagegen den Sommerschnitt kräftig durch, um den Fruchtansatz der verbleibenden Triebe zu verbessern.
Bei Süßkirsche und Sauerkirsche hat der Sommerschnitt als Verjüngungsmaßnahme erhöhte Bedeutung. Gerade bei Sauerkirschen wird man nach der Ernte stark auslichten und das abgetragene Fruchtholz auf kleine Nebenäste absetzen. Die Verheilung der Wunden ohne Gummiflußgefahr und die Förderung des Fruchtansatzes sind die Gründe, warum der Praktiker diese Arbeiten in den Sommer verlegt.

Grundsätzlich: Das Entfernen von Ästen kann bei allen Obstarten im Sommer erfolgreich durchgeführt werden, da die Wundverheilung vor Winter noch kräftig einsetzt.

Schwache Kurztriebe bleiben ungeschnitten

Verschiedene Entwicklungsstadien bedingen unterschiedliche Schnittmaßnahmen

Jugendstadium:	1. Pflanzschnitt 2. Aufbauschnitt zur Kronenerziehung (Erziehungschnitt)
Beginnendes Ertragsstadium:	Aufbauschnitt zur Fruchtastbildung
Vollertragsstadium:	Überwachungsschnitt (Instandhaltungsschnitt), um die Überbauung der Krone und übermäßige Fruchtholzbildung zu verhindern.
Altersstadium:	1. Auslichten bei weniger wertvollen Sorten 2. Verjüngungsschnitt zur Anregung des Neutriebes mit nachfolgender Überwachung 3. Umstellung alter, ungeschnittener Kronen durch Abdecken.
Abgängigkeit:	Rodung

Pflanzschnitt

Jungbäume sollen möglichst viele feine Faserwurzeln aufweisen, einen unverletzten geraden Mitteltrieb und zahlreiche kräftige Triebe haben, deren Knospen unbeschädigt sind. Gute Obstbäume tragen ein Etikett, auf dem Sorte, Unterlage und Baumform enthalten sind.

Beim Ausgraben verliert der Jungbaum viele seiner Wurzeln; deshalb schneidet man nur ab, was offensichtlich beschädigt, abgerissen oder zerfetzt wurde. Man läßt die Wurzeln möglichst in ihrer ganzen Länge stehen. Je konsequenter man sich daran hält, desto besser ist das Anwachsergebnis.
Der Gartenliebhaber kauft zumeist

2jähriger Jungbaum vor dem Schnitt (links); derselbe Baum nach dem Schnitt. Der unterste Ast wurde waagrecht formiert (rechts).

zweijährig vorgeformte Kronen. Schnittziel ist die Vorbildung der späteren Kronenäste bei Busch, Niederstamm oder Hochstamm. Zuerst wird der spitzwinkelig entstandene Afterleittrieb weggeschnitten (auch wenn sonst ähnlich schöne Triebe fehlen!), da er später bei Belastung todsicher ausbricht. Als Leitäste sucht man 3 möglichst flachwinkelig entstandene Triebe und schneidet sie um ein Drittel bis

Je mehr Faserwurzeln, um so besser ist das Anwachsergebnis (links); beim Schnitt der Wurzeln werden so sparsam wie möglich die zerfetzten Wurzeln gerade geschnitten (rechts).

zur Hälfte auf Außenaugen gleich lang zurück. Der Mitteltrieb wird ca. 15–20 cm höher angeschnitten. Die noch verbleibenden höher entstandenen Triebe werden auf Astring abgeschnitten, die tiefer entstandenen Triebe werden unbehandelt einfach waagrecht gebunden. Diese Triebe verstärken den Wuchs der anderen durch ihre Blattmasse und fruchten schon nach 2–3 Jahren.
Die meist einjährigen Bäumchen der Sauerkirschen, des Pfirsichs und mancher Apfel-Spindeln bilden aus Seitenknospen vorzeitige, meist recht schwache Triebe. Prinzipiell werden sie genauso behandelt wie zweijährige Jungbäume, nur wird der Rückschnitt der vorzeitigen Triebe sehr viel kürzer (ca. 4–6 Augen) gehandhabt, um kräftigen Durchtrieb sicherzustellen. Allerdings bindet man hier die unteren Triebe nicht waagrecht, sondern schneidet den Stamm mindestens 50–60 cm vom Boden her frei.
Im 2. Standjahr arbeiten Sie mit den Schnittregeln und fangen mit dem Formieren der Leitäste, nachdem der Konkurrenztrieb entfernt wurde (siehe auch Regel 3, Seite 41), an.

Aufbau- und Erziehungsschnitt

Der Aufbauschnitt umfaßt die Phase zwischen Pflanzung und mittlerem Ertrag. Mit Einsetzen des Hauptertrages erfährt das Wachstum eine zunehmende Beruhigung, weil der Baum im wesentlichen sein Kronenvolumen ausgebaut hat. Auch hier regelt das Wachstumsprogramm die Abläufe.
Als Schnittziel strebt man eine klare Funktionszuweisung der Äste an. Die Leitäste werden in dieser Phase – falls notwendig – so formiert, daß sie tatsächlich auch gleiche Winkelstellungen zum Mitteltrieb aufweisen, da sie sonst ständig ungleich stark wachsen. Dies kann später

Pflanzschnitt, 1jährige Veredelung mit vorzeitigen Trieben.

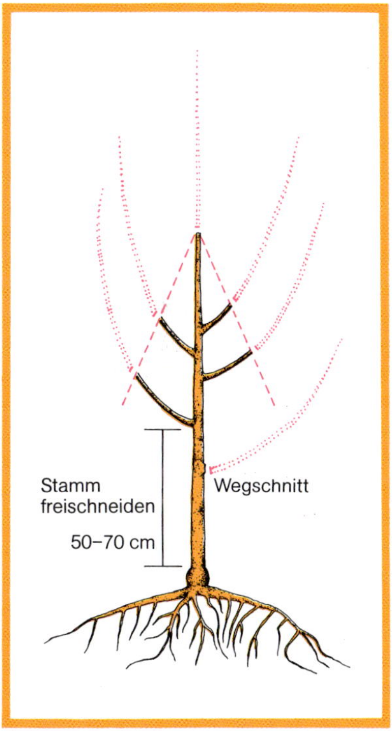

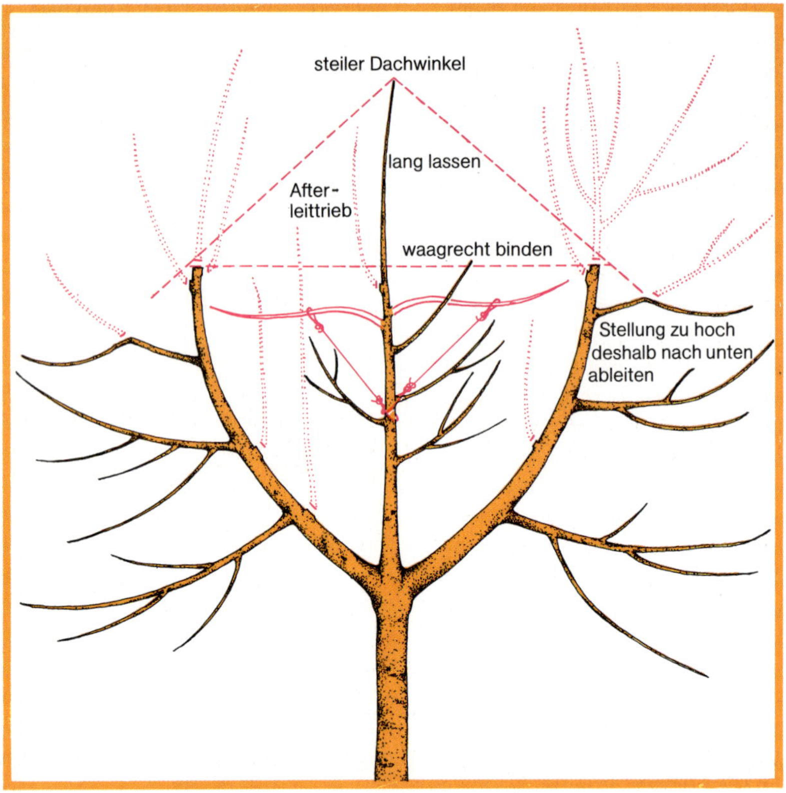

Bei zu schwachem Wuchs der Mitte wird der Schnittwinkel steil angesetzt, um die Mitte zu fördern.

nur mit erheblichen Eingriffen reguliert werden. Wie lange der Rückschnitt erfolgt, richtet sich nach der erreichten Aststärke einerseits, da zu schwache Leitäste bei Erntebelastung umkippen, und nach der erwünschten Verzweigung andererseits.

Es kann also durchaus sein, daß man die Länge des Rückschnittes von Jahr zu Jahr sehr unterschiedlich beurteilt, so daß auf einen langen Rückschnitt durchaus ein sehr kurzer folgen kann; die mit letzterem erzwungene bessere Seitenverzweigung ermöglicht es, im Folgejahr wieder mit dem langen Schnitt weiterzufahren. Rezepte gibt es nicht, da jeder Baum anders reagiert.

Probleme entstehen meistens mit der Behandlung der Triebe am Mit-

teltrieb, wo häufig der Baum eine besonders starke Triebbildung (Spitzenförderung) zeigt. Aber wenn die Leitäste gefördert werden sollen, dann müssen alle starkwachsenden, steilstehenden Triebe am Mitteltrieb entfernt und alle übrigen Triebe durch Ableiten auf waagrechtstehende Äste als Fruchtäste konsequent behandelt werden. Deshalb behandelt man beim Schnittablauf »rund um die Krone« die Mitte auch zuletzt.
Je stärker der Mitteltrieb sich entwickelt (z. B. bei Birnen), um so schwächer ist die Leitastförderung. Bei starkem Wuchs der Mitte wird man diese möglichst tief zur Saftwaage (Leitastebene) stellen; d. h. sehr stumpfer Schnittwinkel für die Krone. Bei schwacher Mitteltriebentwicklung beläßt man möglichst viele Seitentriebe und bindet sie waagrecht. Die Mitte selbst läßt man besonders lang über die Saftwaage und gibt ihr so einen Vorsprung.
Der früher übliche Aufbau einer 2. Leitastserie als 2. Stockwerk führt zum Sitzenbleiben der tieferstehenden Leitäste und durch die Spitzenförderung mit Sicherheit zu einer Überbauung der Krone. Die im deutschen Obstbau früher übliche 2. Leitastserie hat sich nicht bewährt.

Schnittarbeit bei normaler Mitteltriebentwicklung an einer Birne.

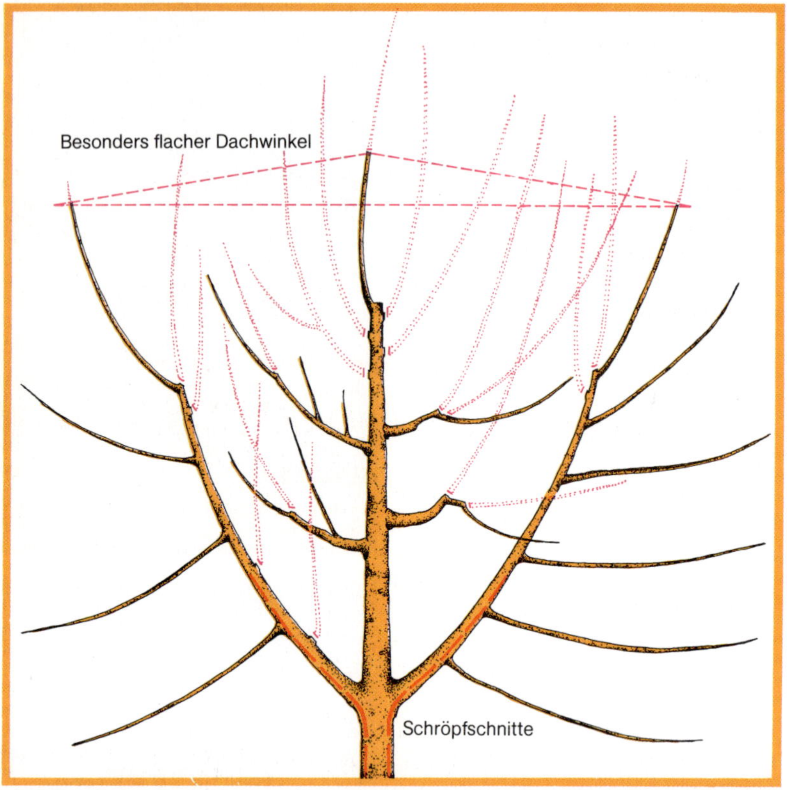

Bei zu starkem Wuchs der Mittelpartie setzt man einen stumpfen Schnittwinkel an, um die Leitäste zu fördern. Das Fruchtholz der Mitte kurz halten, beziehungsweise stark waagrecht ableiten.

Überwachungs- oder Unterhaltungsschnitt

Nach Beendigung des Aufbaues wird bei zunehmenden Erträgen ein Ausgleich zwischen den einzelnen Kronenseiten und -teilen immer wieder notwendig. Das Schnittziel geht von der Erhaltung des Gleichgewichtes zwischen Wachsen und Fruchten aus.

Die Leitäste werden nur noch geringfügig angeschnitten. Das Auslichten oberseitiger Triebe und die Unterdrückung einer zu starken Entwicklung des Mitteltriebes und seiner Nebenäste wird wichtig bleiben. Aber hier stellen sich kaum Probleme ein.

Die Erhaltung der Leistungsfähigkeit der Fruchtäste und des Fruchtholzes wird nun zur entscheidenden

Schnittmaßnahme. Schon bald senken sich die Fruchtäste, aber auch die Seitenäste bei größeren Erträgen so stark ab, daß die nach unten hängenden Äste nur noch ganz ungenügend ernährt werden, überaltern und rasch in der Leistung nachlassen. Überall, wo sich auf den Astbogen Neutriebe zeigen, wird man diese zu neuen Verlängerungen aufbauen. Dies kann durch bewußtes Anschneiden (Rückschnitt) als Wuchsreiz geschehen und durch stärkeres Ableiten, indem man die abgesenkte Astspitze beim aufwärts zeigenden Neutrieb direkt abnimmt. Auch dies übt einen erheblichen Wuchsreiz aus, doch darf der dann verbleibende Ast nicht zu kurz werden. Er muß seiner Funktion entsprechend eine bestimmte Länge behalten.

Gerade bei Zwetschgen, Mirabellen, Sauerkirschen ist das ständige Überwachen des sich von Natur aus stark verzweigenden Fruchtholzes besonders wichtig, denn auch diese Obstarten tragen nur am jungen Holz schöne Früchte. Bei Apfel und Birne gibt es Sorten mit stark quirligem, kurzem Fruchtholz, das man »halbiert«, um es etwas zu verjüngen. Andererseits weisen aber Apfel und Birne auch zahlreiche Sorten

Guter Kronenaufbau – aber der Überwachungsschnitt wird dringend notwendig (oben).

Vorbildlicher Überwachungsschnitt an einem alten Birnbaum mit Höhenbeschränkung der Mitte (unten).

auf, die am langen Fruchtholz tragen, also nur als Endknospe eine Blütenknospe haben. Diese Sorten verlangen genauso eine ständige Verkürzung des Fruchtholzes durch Absetzen, da sonst sämtliche Äste völlig vom Fruchtastgewirr überwuchert werden.
Nunmehr beginnt verstärkt die Überwachung älterer Wunden auf glatte Verheilung, Ausschneiden von Krebs- oder Gummiflußansätzen, Beseitigung von Wurzeltrieben, eventuell Entfernung von Pfahl und Band und von möglicherweise übersehenem Bindematerial vom Formieren, um größere Beschädigungen zu vermeiden. Sehen Sie auch die Veredelungsstelle am Wurzelhals nach, ob sie nicht vom Rasenmäher angefahren oder im Unkraut eingewachsen ist.

Behandlung einer jungen ungeschnittenen Krone: 2 große Äste werden entfernt, die Leitäste und die Mitte freigestellt, das untere Drittel der Krone voll gelassen.

Wie behandelt man eine bisher ungeschnittene Krone?

Will man ungepflegte Bäume mit mehr oder weniger verwilderten Kronen schneiden, so ist zunächst zu klären, ob der Gesundheitszustand und das Alter einen solchen Eingriff lohnen und ob uns die Fruchtsorte überhaupt befriedigt.

Man muß sich klar sein, daß radikale Eingriffe, die zu hohen Astverlusten führen, schwere Schäden nach sich ziehen können, da die Saftstauungen so groß werden, daß bei Starkfrösten die Rinde platzt. Oft sind große Operationen mit Riesenwunden am Stamm der Beginn von Holzschäden und Auswirkungen auf die Wurzel, die zum Ende bisher gesunder Bäume führen. Die Umstel-

Der Baum hat auf die Umstellung kräftige Neutriebe gebildet. Der linke Leitast als schwächerer bestimmt die Rückschnitthöhe nach den 10 goldenen Schnittregeln.

lung junger, wüchsiger Bäume erscheint unproblematisch, wenn man nach den 10 goldenen Regeln für den Obstbaumschnitt vorgeht. Die Leitäste und die Mitte werden im älteren Holz angeschnitten. Die Weiterbehandlung erfolgt zunächst im Aufbauschnitt und leitet dann zum Instandhaltungsschnitt als ständige Überwachung über. Nach 1–2 Jahren haben solche Bäume wieder die »volle Tourenzahl« erreicht und machen Freude.

Nach dem Auslichten reagiert auch dieser Baum mit Neutrieben. Die Leitäste konnten nicht mehr scharf herausgestellt werden, da die oberen Astgruppen zu stark entwickelt waren. Die Pfeile zeigen die Weiterarbeit an. ▶

Unbehandelte Krone eines alten Baumes mit Fruchtholzüberalterung und Fruchtbogenbildung. Verkahlung im Innern der Krone.

Das Auslichten älterer Kronen erfordert viel Denkarbeit

Bei älteren Bäumen mit großen Kronen wird die Hauptfrage sein, für welche der vielen Äste man sich als Leitäste entscheidet. Bei mehreren gleichwertigen Hauptästen setzt man die nicht brauchbaren stark ab und leitet sie auf einen Seitenast um. Das ist besser als die totale Entfernung. Die Weiterbehandlung erfolgt so, als ob dieser Seitenast dem Leitast entspringen würde.
Es ist klar, daß das vorhandene Gerüst keine wesentlichen Veränderungen zuläßt. Ableiten und Auslichten bleibt die Hauptarbeit. Man versucht eine Höhenbeschränkung gleichzeitig durch das Abdecken zu erreichen, wobei man die entstandenen großen bogenartigen Äste von allen aufwärts stehenden Rei-

tern und Ständern befreit und vielleicht einen besonders günstig stehenden Ast als Leitastverlängerung vorsieht. Das Abdecken bringt augenblicklich sehr viel Licht in die Krone ohne zu große Ast-Operationen, doch hat es den Nachteil, daß die ganze Astoberseite nun mit Neutrieb einsetzt, der ein ständiges Nacharbeiten der hohen Astoberseiten notwendig macht. Unterbleibt diese Nacharbeit, dann hat man in wenigen Jahren eine total zugewachsene Krone durch lange Neutriebe. Diese seit alters her bekannte Methode ist daher doch bei allen starkwachsenden Bäumen recht problematisch!

Eine völlig verwahrloste Krone (oben) läßt sich durch Abdecken noch erfolgreich verjüngen. Es gibt 2 Möglichkeiten:

Das Abdecken auf Fruchtbögen verlangt Nacharbeiten (rechte Seite oben).

Die klassische Verjüngung bei derselben Krone setzt viel Können und Erfahrung voraus. Nachbehandlung wie bei jungen Kronen im Aufbauschnitt (rechte Seite unten).

Eine langsame Umstellung ist das Auslichten auf Raten

Diese Schnittmethode wird angewandt, um das Gleichgewicht während der Umstellung zu erhalten. Dabei wird das obere Drittel der Krone bewußt scharf ausgelichtet. Man versucht Leitastverlängerungen und die Mitte herauszuarbeiten. Als Leitastverlängerung lassen sich sehr oft günstig stehende Reiter oder Fruchtbogen einbauen.

Grundsätzlich: Beim Auslichten an der Oberseite der Krone beginnen!

Im ersten Jahr der Umstellung wird das mittlere Drittel der Krone nur mäßig und das untere Drittel der Krone fast gar nicht erfaßt. Dieses »lang lassen« der ganzen Seitenäste und des Fruchtholzes hat sich bewährt. Im nächsten Jahr erfolgt langsam das Auslichten und die Verjüngung der unteren Partien.

Vorteile der Methode des langsamen Umstellens

Der Neutrieb setzt nur im oberen Drittel ein und bleibt in Grenzen. Bei

Oben: Dieser Ast muß dringend ausgelichtet werden (Teil einer zu vollen Krone).
Ausschnitt nach dem Auslichten; Frucht- und Seitenäste blieben lang und wurden nur abgesetzt (unten).

zu starken Eingriffen werden durch unzählige Neutriebe lange Jahre starke Schnittmaßnahmen notwendig, da der Baum total aus dem Gleichgewicht kommt. Hier aber verhindert man zu starke Saftspannungen und das völlige Aussetzen der Erträge.
Astwunden im oberen Drittel der Krone verheilen besser als tiefer stehende. Insgesamt ist der Überwachungsschnitt in den nächsten Jahren ohne zu großen Arbeitsaufwand und ohne zu großes Spezialwissen möglich.

Das Hauptproblem älterer Kronen ist die Verjüngung des Fruchtholzes

Blütenknospen entstehen je nach Obstart überwiegend am einjährigen oder hauptsächlich am zwei- und dreijährigen Holz. Dadurch neigt jeder Obstbaum dazu, ständig neues Holz zu produzieren, das an die Peripherie der Krone geschoben wird. Immer neue Fruchtbogen und Fruchtäste verschlechtern die Belichtungsverhältnisse besonders im Innern und an den unteren Partien der Krone, die langsam verkahlt.
Man versucht, die oberen Kronenteile durch Wegschnitt dem Licht zu öffnen und die Spitzenförderung zu bremsen. Damit entwickeln sich die unteren Astpartien stärker in die Breite und ins Licht. Zuviel Fruchtholz führt durch zu hohe Erträge zu starken Erschöpfungszuständen, die Ausfalljahre nach sich ziehen. Ertragslose Jahre wechseln dann mit Massenerträgen (Alternanz). Die Fruchtholzverjüngung kann erheblich zum Ausgleich beitragen, um jährliche Mittelernten zu erzielen.

Zuviel Fruchtholz bei einer Zwetschge.

Zuviel Fruchtholz führt zu Überbehang und qualitativ schlechten Früchten.

1

2

3

Altes Fruchtholz bringt keine Qualitätsfrüchte

Die mit Blütenknospen besetzten Triebe senken sich unter der Last der Früchte, je länger sie sind, um so tiefer ab. Dadurch verjüngt sich der Baum sozusagen selbst und am Scheitelpunkt der Fruchtbogen entstehen viele Triebe, die aufwärts zeigen (Scheitelpunkt oder Basisförderung). Bleiben sie ungeschnitten, verwandeln sie sich im 2. Jahr selbst zu Fruchtästen und kippen ab.
Dabei wird der untenliegende Ast überdeckt und beschattet, so daß seine Belichtung und Ernährung zu einer miserablen Versorgungslage führt. Diese Fruchtbogenbildung geht mit der Überbauung der Krone Hand in Hand, so daß der Baum jährlich immer geringere Neutriebbildung aufweist und immer mehr nutzloses Holz ernähren muß. Diese Vorgänge lassen sich an alten Birnbäumen besonders klar beobachten!

Fruchtholzverjüngung heißt Obst sortieren, bevor es geerntet wird!

Junges Fruchtholz ist leistungsstark.

1 Kirsche
2 Pflaume
3 Apfel
4 Fruchtbogenbildung der Birne (jung)
5 Überaltertes Fruchtholz der Birne

So geht man bei der Fruchtholzverjüngung vor

1 Zuerst wird verkahltes, altes Holz und alles astunterseits stehende Fruchtholz beseitigt.

2 Die nach unten gerichteten Fruchtbogen setzt man auf Neutrieb (nach außen richten!) ab. Sind mehrere Fruchtbogen übereinander, so kann nur der jüngste stehenbleiben, die übrigen müssen fallen.

3 Astoberseits vorhandenes kurzes Fruchtholz – schwache Fruchtäste bei Zwetschgen, Fruchtruten oder Fruchtquirle bei einigen Birnen- und Apfelsorten – wird durch Absetzen verringert; in der Fachsprache: *Fruchtholz halbieren!*

4 Unter Umständen wird gleichzeitig eine Längenbeschränkung der Fruchtäste durchgeführt:
Man setzt auf den mehr am Leitast oder an der Mitte entstandenen Neutrieb ab und versucht dabei, den Ast in seiner natürlichen Richtung zu verlängern. Keinen Ast »um die Ecke« schneiden! Kein Rückschnitt!

Die Fruchtholzverjüngung zielt auf eine »Rotation« des Fruchtholzes ab, so daß bei Apfel, Birne und Zwetschge ständig wieder neues zwei- und dreijähriges Holz als Fruchtträger zur Verfügung steht. Beim Instandhaltungsschnitt gepflegter Kronen wird die Fruchtholzverjüngung selbstverständlich; sie kann aber bei langsamer Umstellung und klassischer Verjüngung die wichtigste Maßnahme zur Qualitätsverbesserung sein.

4

5

Die Verjüngung geschnittener Kronen

Mit zunehmendem Alter läßt die Triebentwicklung immer stärker nach, und das Fruchtholz nimmt immer stärker zu, so daß als typisches Zeichen einer überalterten Krone schließlich fast überhaupt kein Jahrestrieb mehr stattfindet. Auch die Masse der minderwertigen Früchte nimmt zu; ein Großteil von ihnen bekommt zu wenig Licht, um entsprechend Farbe und Geschmack zu bilden; hier reicht auch eine einseitige Fruchtholzverjüngung nicht mehr aus, die Vergreisung des Baumes aufzuhalten. Gerade bei reichtragenden Sorten tritt durch die jährlichen Massenerträge eine Erschöpfung des Baumes ein, die rasch zu einem starken Leistungsverlust führt. Um dies aufzuhalten, wird ein Verjüngungsschnitt durchgeführt.

Ziel jeder Verjüngung ist eine Verringerung des Kronenvolumens, eine Anregung der Triebleistung und eine Verringerung des Fruchtholzes.

Verjüngen und Auslichten – die klassische Methode

Bei der klassischen Verjüngungsmethode wird etwa $^1/_4$ oder $^1/_3$ des Kronendaches verkürzt, also der Leitäste und des Mitteltriebes. Vor

Kräftige Verjüngung hoher Apfelspindeln im Bodenseegebiet (oben).

Fast zu starke Verjüngung, die zu übermäßiger Triebbildung und Nachlassen der Erträge führt (unten).

dieser Arbeit wird aber nach dem bisherigen System zunächst einmal ausgelichtet und die Leitäste und die Mittelachse freigestellt. Über die Stärke des Eingriffes, d. h., ob man 1, 2 oder 3 m tief in das Kronengerüst eingreift, wird man sich am schnellsten klar, wenn man einmal um die Krone herumgeht und den Baum von allen Seiten ansieht, um sich zu überlegen, wie stark der Rückschnitt in Form einer Verjüngung durchgeführt werden muß. Man geht vom schwächsten Leitast aus und setzt Leitäste und die Stammverlängerung auf tieferstehende Seitenäste ab. Die Leitastverlängerungen werden etwa 50–60 cm freigeschnitten, d. h. alles Seitenholz wird auf Astring zurückgesetzt, um einen Austrieb aus den blinden Augen sicherzustellen. Von den nun neu geformten Leitastspitzen aus stellt man sich einen Winkel vor, dem sämtliche Seitenäste unterworfen werden. Die Verjüngung muß sich also nicht nur auf die Leitäste, sondern auch auf sämtliche Seitenäste gleichmäßig beziehen, wobei man gerne die tieferstehenden Seitenäste voll besetzt und lang läßt, während man die oberen Kronenpartien stärker verjüngt. Auch das

Verjüngung

an der Mittelachse stehende Fruchtholz wird ebenso behandelt und kräftig zurückgesetzt, um einen Neutrieb zu erzielen.

Die klassische Verjüngung erfordert erhebliche Erfahrung und Können, um alle Teile der Krone richtig durchzubehandeln und die Verlängerungen richtig abzuleiten.

Grundsätzlich wird immer nach dem gleichen System vorgegangen:
1. Mitte suchen
2. Leitäste suchen
3. Auslichten

Nach dem Auslichten wird dann begonnen, die Krone insgesamt Leitast für Leitast der Reihe nach durchzuarbeiten und zum Schluß die Mittelachse entsprechend dem vorhandenen Schnittergebnis nachzuzeichnen. Für diese oben beschriebenen Verjüngungsmaßnahmen eignen sich Apfel, Birne, Sauerkirsche und Pfirsich.

Überalterung zeigt sich an der zu starken Fruchtholzbildung (unten) – hier werden 2 Lösungen und ihre Wirkungen gezeigt:

Gleichmäßige Neutriebbildung ohne Wasserschosse, so daß die Ertragsfähigkeit voll erhalten blieb. Man wird weiterhin *vorsichtig* auslichten (rechte Seite oben).

Man hat in das Astgerüst und den Fruchtholzbestand stärker eingegriffen und erhält stärkeren Neutrieb. Die Verlängerungen werden nach dem Auslichten wie üblich zurückgeschnitten (rechte Seite unten).

leichte Verjüngung

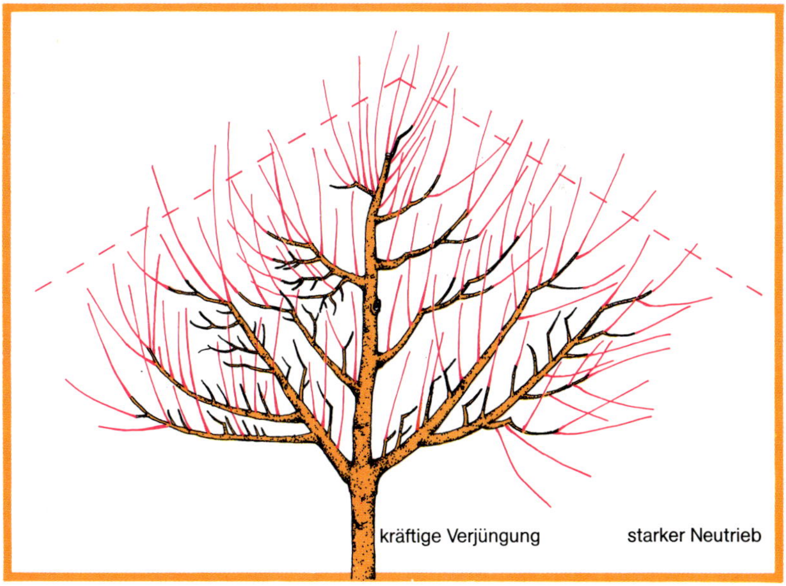
kräftige Verjüngung
starker Neutrieb

Verjüngung

Verjüngen durch Ableiten

Bei Zwetschgen, Pflaumen und Mirabellen, aber auch bei Süßkirschen wird die Verjüngung durch Ableiten bevorzugt. Der wesentliche Unterschied besteht darin, daß der Eingriff nicht so stark und tief in das alte Holz erfolgt wie bei der klassischen Verjüngungsmethode, da es meist gelingt, die Leitastverlängerungen auf bestehende Verzweigungen abzusetzen; ebenso auch die Verlängerung der Mittelachse. Auch hier werden die Seitenäste in einem Winkel von rund 120° nachbehandelt und das gesamte Fruchtholz entsprechend verjüngt. Nur wenn diese Maßnahmen ineinandergreifen, kann eine gleichmäßige Triebreaktion auf die Verjüngung erwartet werden.

Auch beim Steinobst ist die Neutriebbildung von entscheidender Bedeutung für die Gesunderhaltung des Baumes und die Erzeugung von vollausgereiften Früchten.

Kronenausgleich ist alles

Merke: Grundsätzlich muß das, was auf der einen Seite der Krone bei der Verjüngung geschieht, auf der anderen Seite der Krone auch erfolgen.

Um die Krone in das Gleichgewicht zu bringen, müssen alle Teile der Krone gleichmäßig durchgeschnitten werden. Gerade bei Teilschäden durch Astbruch, aber auch bei einseitigen Hagelschäden oder eben bei insgesamt stark verkahlten Kronen, wird man mit Hilfe der Verjüngung einen Ausgleich schaffen und erfolgreich den Jungtrieb im ganzen Baum wieder anregen, so daß der Kreislauf und damit die Stoffwechselproduktion im ganzen Baum angeregt wird.

Weiterbehandlung verjüngter Kronen

Besonderer Wert muß auf die Weiterbehandlung verjüngter Kronen gelegt werden, da sonst in wenigen Jahren das so mühsam Erreichte verlorengeht. Schon im Sommer kann man bei starker Neutriebbildung alle unerwünschten in das Innere der Krone wachsenden oder senkrecht auf den Leitästen stehenden Triebe entfernen und damit erhebliche Verluste beim späteren Winterschnitt vermeiden. Die Weiterbehandlung geschieht genauso wie beim sonst üblichen Überwachungs- und Instandhaltungsschnitt.

Unterschiedliche Schnittbehandlung von Zwetschgen. Beispiel für eine klassische Verjüngung.

Beispiel für mäßige Verjüngung.

Beispiel für einen leichten Überwachungsschnitt.

Wechselwirkung von Unterlage und Edelreis

Die Veredelung eines Baumes bedeutet eine Pfropfkombination, bei der zwei Partner zusammenwachsen müssen. Die Verwachsung stellt stets eine Wuchsbremse dar, so daß die in der Laubkrone produzierten Zucker- und Eiweißstoffe (Assimilate) nicht ungehindert zur Ausbildung neuer Wurzeln zur Verfügung stehen, sondern eine verstärkte Differenzierung von Blütenknospen auslösen. Bei der Anzucht von Obstbäumen wird die Edelsorte (die sich nur auf vegetativem Wege vermehren läßt) auf eine Wurzelunterlage aufveredelt. Althergebracht ist die Veredelung auf Sämlingen, die durch Aussaat von Kernen gewonnen werden. Auf die 2jährigen Bäumchen wird im August ein Auge eingesetzt. In einigen Fällen ist auch eine Kopfveredelung auf Stammbildner üblich.

Unterlagen beim Apfel

Beim Apfel gibt es sehr viele unterschiedlich schwach wachsende Unterlagenpartner, die zum Unterschied zum sogenannten Sämling nur eine mittlere bis kleine, flache Wurzelausdehnung aufweisen. Damit wird die Jugendphase stark verkürzt und die Ertragsphase stark verfrüht. Die Sämlingsunterlage entspricht weitgehend dem natürlichen Wuchs des Obstbaumes und bildet eine sehr weit ausladende, aber auch in die Tiefe gehende Wurzel aus. Dadurch setzt die Ertragsphase später ein, der Baum lebt länger und bildet Kronen mit ca. 100 m^2 Raum aus. Für einen Kleingarten sind die schwach wachsenden Unterlagenkombinationen besonders interessant, denn man kann z.B. die Sorte ‘Boskoop’ als Busch mit nur 35 m^2 oder als Spindelbusch mit 10 m^2 oder weniger wählen.
Man unterscheidet:

- schwach wachsende Unterlagen für Spindeln,
- mittelstark wachsende Unterlagen für Büsche und
- stark wachsende Unterlagen für Halb- und Hochstämme,

  deren Kronenvolumen erheblich beschränkt ist im Vergleich zum Sämling.

Unterlagen bei den Birnen

Hier steht nur der Sämling als stark wachsende Unterlage und die Quitte als schwach wachsende Unterlage für Büsche, Spindeln und kleine Spaliere zur Verfügung.

Unterlagen beim Steinobst

Man verwendet beim Steinobst grundsätzlich Unterlagen, doch gibt es bisher keine schwach wachsenden Unterlagenkombinationen, obwohl zahlreiche verschiedene Arten als Unterlagenpartner zur Verfügung stehen.

Unterlagen für Quitten

Als Unterlagen verwendet man neben der Quitte vor allem Weißdorn.

Schwach wachsende Unterlagen setzen also nicht nur früher mit dem Ertrag ein, sondern bringen auch ganz erheblich mehr Früchte im Laufe ihres Lebens als beispielsweise Sämlingsunterlagen!

Was beim Kauf zu beachten ist:

Die Stammhöhe sagt nichts über die zukünftige Wuchsstärke aus! Sie wird ausschließlich von der Unterlagenkombination bestimmt.

Am besten kauft man Bäume in der Baumschule selbst. Dabei ist darauf zu achten, daß Äste und Knospen nicht beschädigt und der Stamm nicht verletzt ist. Entscheidend für die Qualität ist eine möglichst kräftige, lange Bewurzelung mit zahlreichen Faserwurzeln, da das Anwachsergebnis entscheidend vom Zustand der Wurzeln abhängt.
Beim Verkauf in der Baumschule werden Jungbäume mit zweijährigen Kronen in folgenden Höhen angeboten (zwischen Erdoberfläche und erstem Kronenast):

Spindelbüsche	40– 50 cm
Büsche	40– 60 cm
Niederstämme	80–100 cm
Halbstämme	100–120 cm
Hochstämme	160–180 cm

Bäume als einjährige Veredelung werden aus deutschen Baumschulen mit einer Mindesttrieblänge von 90 cm angeboten. Nur die bei den Spindelbüschen verwendete Unterlage (Typ M 9) ist mit 80 cm Trieblänge zulässig.
Amerikanische Bäume werden heute vielfach importiert. Sie werden nur als 1jährige Veredelung angeboten und sind sehr unterschiedlich. Die dabei gemachten Wunderversprechungen sind aber meist nur zum Wundern für die Käufer.

Merke: Je kürzer der Weg und die Zeit zwischen Baumschule und Einsetzen ist, um so günstiger sind die Anwachsergebnisse.

Lange Transportzeiten beschränken die Anwachsergebnisse erheblich und sind ein Risikofaktor, weil auch die geringste und kürzeste Lagerung Trockenschäden an den Wurzeln nach sich zieht und so das Anwachsen erheblich erschweren, ja bei längeren Transportzeiten sogar völlig unmöglich machen.

Spindelbüsche tragen früh und brauchen wenig Platz

Spindelbüsche sind Pfropfkombinationen eines Edelreises von Birne oder Apfel mit einer besonders schwach wachsenden Unterlage. Die Wurzelkrone bleibt daher besonders klein und bremst den Wuchs der Laubkrone so, daß schon im 2. oder 3. Jahr der Ertrag einsetzt. Sie sind andererseits auf ständig gute Bodenpflege (offener Boden, Humusversorgung, Düngung) und einen Pfahl angewiesen. Spindelbüsche erzieht man nur mit Fruchtästen um die Mittelachse in Form der Rundkrone oder als Flachkrone am Drahtspalier. Auf die Bildung von Leit- und Seitenästen wird bewußt verzichtet, so daß alle Äste stets waagrecht formiert werden. Sie weichen hier also von den 10 goldenen Regeln ab, werden aber sonst gleich behandelt.

Die Dicke der Veredelungsstelle am Wurzelhals zeigt die starke Bremswirkung der Unterlage (oben).
Die starke Bremswirkung auf die Größenentwicklung fördert frühe Fruchtholzbildung – hier einer jungen Spindel (unten).

Kronen- und Wurzelentwicklung in Abhängigkeit von der Unterlage. Die Wurzelkrone greift grundsätzlich über die Laubkrone hinaus. Beispiele für dieselbe Sorte. ▶

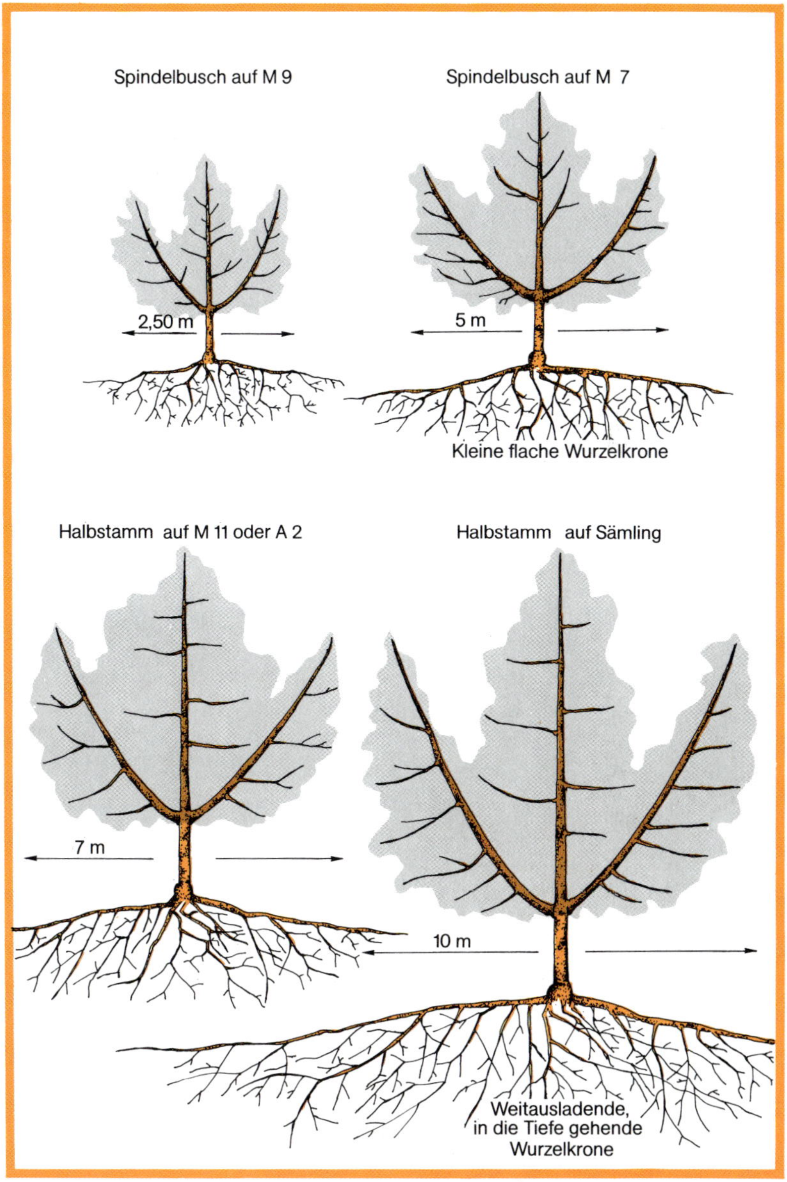
Spindelbusch auf M 9
2,50 m
Spindelbusch auf M 7
5 m
Kleine flache Wurzelkrone
Halbstamm auf M 11 oder A 2
7 m
Halbstamm auf Sämling
10 m
Weitausladende, in die Tiefe gehende Wurzelkrone

So zieht man Spindelbüsche

Der Pflanzschnitt bei einjährigen Veredelungen mit vorzeitigen Trieben erfolgt kegelartig und relativ kurz, wobei die Äste auf 3–5 Augen und der Mitteltrieb auf 5–7 Augen über dem letzten Ast zurückgeschnitten werden. Die unteren Ästchen läßt man länger, die höher stehenden kürzer – daher »kegelartig«. Bei zweijährigen Kronen wird wie immer zuerst der Konkurrenztrieb entfernt und die tiefer als 50 cm über dem Boden entstandenen Äste weggeschnitten. Dann werden 4 gutverteilte Triebe fast waagrecht heruntergebunden. Während man früher einen Rückschnitt empfahl, läßt man heute auch diese Grundäste völlig ungeschnitten, um den Ertragsbeginn zu beschleunigen. Weitere Kurztriebe beläßt man ungeschnitten, dagegen entfernt man weitere Starktriebe. Der Mitteltrieb wird auf 5–7 Knospen zurückgenommen. Dadurch erreicht man, daß die Augen der Verlängerung sicher austreiben und eine dichte Besetzung der Hauptachse mit Seitentrieben erfolgt.

5jährige Spindeln am Spalier, die im vollen Ertrag stehen.

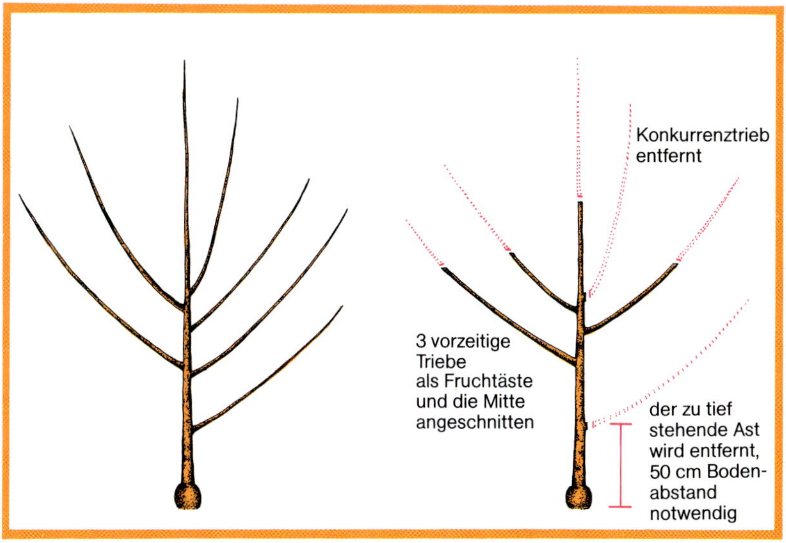

Pflanzschnitt einer 1jährigen Veredelung.

Pflanzschnitt eines 2jährigen Spindelbusches.

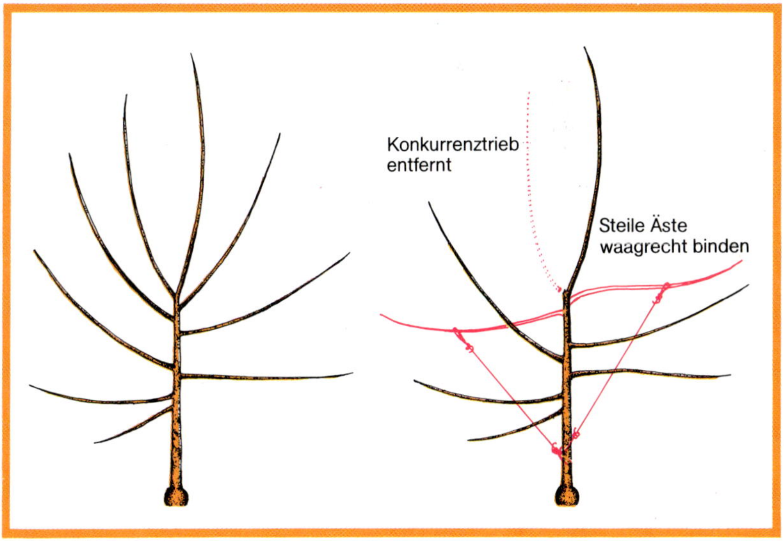

Spindelbusch

4jähriger Spindelbusch. Das nach unten hängende Fruchtholz wird da und dort abgesetzt, sonst nur Seitenausgleich vornehmen.

Der Ertrag setzt schon mit dem 2. Standjahr ein, da die waagrecht gestellten Fruchtäste sich mit schwachtriebigem Fruchtholz meistens ausreichend besetzen. Nur bei anfänglich starktriebigen Sorten schneidet man die Seitentriebe gelegentlich zurück, um die Verzweigung anzuregen.
Das entstehende Fruchtholz bedarf in den folgenden Jahren ständig der Verjüngung durch Ableiten auf die neu entstehenden Fruchttriebe. Alles Fruchtholz, das älter als 3 Jahre ist, muß entfernt werden, da die Erschöpfung bei dieser Baumform besonders rasch eintritt. Bei Apfelsorten, die am einjährigen Holz schon blühen, läßt man die Fruchttriebe nur bis zum 2. Jahr stehen. Vom

6jähriger Spindelbusch: Nun wird die Fruchtholzverjüngung dringend notwendig, da fast kein Neutrieb mehr festzustellen ist. Der Blütenansatz ist viel zu groß, der Baum würde sich völlig erschöpfen.

5.–6. Standjahr an werden sämtliche Fruchttriebspitzen einem Rückschnitt unterworfen. Dabei wird immer ein kegelförmiger Astaufbau angestrebt: unten lang, oben kurz. Trotzdem wird bei den hohen Erträgen ein Verjüngungsschnitt nach einigen Jahren notwendig. Der Zeitraum läßt sich nicht genau festlegen, da er von Sorte, Ertrag, Bodenpflege und Ernährung abhängig ist. Man erkennt die Notwendigkeit der Verjüngung aber rasch am nachlassenden Trieb: wenn der Neutrieb nur noch einige Zentimeter pro Jahr beträgt!
Dann überschneidet man den ganzen Baum kegelförmig ins alte Holz und setzt den Mitteltrieb bereits um ca. 50 cm zurück. Sämtliche Frucht-

triebe werden durch Absetzen kräftig zurückgenommen, während ein großer Teil der schwachen Fruchttriebe weggeschnitten und das Fruchtholz auf zwei Drittel zurückgeschnitten wird. Bei gleichzeitiger Düngung (bitte nicht unmittelbar am Stamm) treiben die Bäumchen meist wieder fröhlich aus.
Vergessen Sie nicht, das zum Formieren verwendete Bindematerial beim Winterschnitt zu beseitigen, um Astschäden zu vermeiden.
Spindelbüsche benötigen einen Standraum je nach Bodenart und Wüchsigkeit der Sorte von ca. 2–2,50 m in der Reihe und einen Reihenabstand von 4 m sowie während ihres ganzen Lebens einen Pfahl. Die Pfahllänge beträgt 2,25 m, die Zopfstärke 5–6 cm und die Rammtiefe ca. 55 cm.

Schnittprinzip für schlanke Spindeln.

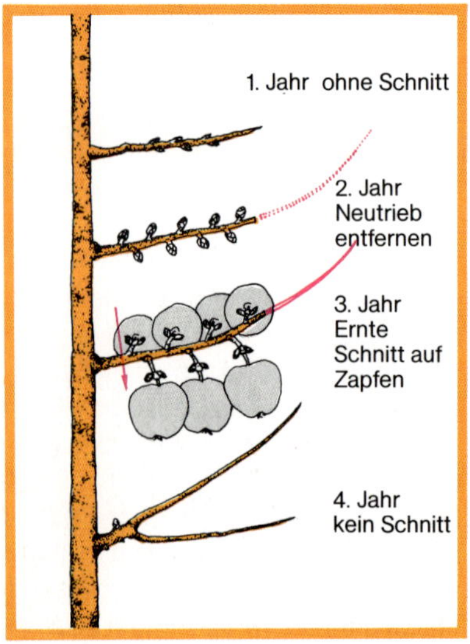

Merke: Keine Baumart trägt so frühzeitig und so reich wie der Spindelbusch. Voraussetzung dafür ist eine laufende Schnittüberwachung und ständig gute Düngung.

Die modernste Baumform ist die schlanke Spindel

Vom Erwerbsobstbau stammt die Erfindung der schlanken Spindel, um möglichst dicht pflanzen zu können. Der geringe Standraum macht sie für den Reihenhausgarten speziell geeignet. Die Unterschiede lassen sich zusammenfassen:

- Es gibt kein Waagrechtbinden oder Formieren.
- Deshalb wird jeder zu steile oder zu stark wachsende Trieb weggeschnitten.
- Es gibt grundsätzlich an der Achse (Spindel!) kein Holz, das älter als 3 Jahre alt wird, da nach dem 3. Jahr der fruchtende Ast auf Zapfen mit 2–3 Augen zurückgeschnitten wird, um Neutrieb zu erzeugen.
- Für die Pflanzung verwende man einjährige Veredelungen, da die vorzeitigen Seitentriebe sich besonders für diese Form eignen.

Schnitt der schlanken Spindel im 2. und 3. Standjahr.

So wird die schlanke Spindel aufgebaut

1 Beim Pflanzschnitt »putzt man den Stamm auf 50 cm Höhe frei« (Wegschnitt der tieferstehenden Triebe auf Astring). Nur der Mitteltrieb wird auf eine Höhe zwischen 80–90 cm über Boden – je nach Stärke des Bäumchens – zurückgeschnitten. Die obersten steilstehenden Triebe werden beseitigt, doch werden die Seitentriebe niemals angeschnitten. Sie dürfen allerdings nicht höher stehen als die Mitte, da sonst keine Beruhigung (Blütenansatz) eintritt.

2 Im 2. Standjahr wird nur der Mitteltrieb um ca. $^{1}/_{3}$ seiner Neutrieblänge zurückgenommen. Zu steil stehende Triebe setzt man auf Zapfen mit 2–3 Augen, um schwachen Neutrieb zu erzeugen. So wird die Spindel mit den Jahren immer höher.

3 Im 3. und den weiteren Jahren versucht man, durch konsequentes Zurücknehmen aller Steiltriebe auf Zapfen und durch Ableiten des Fruchtholzes auf höher am Stamm stehende Neutriebe eine kegelförmig schmale Spindelform zu erhalten.

4 Jährlich muß Neutrieb erzielt werden; zweijähriges Holz setzt Blüten an und fruchtet; im 3. Jahr erwartet man die Ernte und schneidet den nichtblühenden Neutrieb weg. Nach der Ernte wird der abgetragene Trieb auf Zapfen gesetzt (unten ca. 4–6 Augen lang, oben 2 Augen).

5 Nach ca. 5 Jahren entfällt der Rückschnitt des Mitteltriebes, den man zur Höhenbeschränkung bei ca. 2–2,50 m auf einen waagrechten Trieb ableitet.

Besonderer Wert wird auf das Formieren am Draht gelegt.

Spaliererziehung und Spalierschnitt

Apfelspindelbüsche und Birnenspindeln lassen sich auch am Drahtrahmen im Freien oder an der Hauswand mit sehr wenig Platzbedarf erziehen. Im Freien setzt man starke, 2,50 m lange Holzpfähle mit ca. 10–12 cm Durchmesser ca. 60 cm tief ein. Die Endpfähle werden schräg gestellt und mit einem Schraubenanker fest verspannt. Die Drähte werden über dem Boden mit Hilfe von Drahtspannern festgezogen, bei 0,60 m/1,10 m/1,60 m/2,10 m. Die Drahtanlage wird immer in Nord-Süd-Richtung wegen der besseren Besonnung angelegt.
Bei der Erziehung geht man von der Grundform des Spindelbusches aus, erzieht aber statt einer Rundkrone eine flache Krone, bei der die Seitenäste in einem stumpfen V gezogen werden. Schon bei der Pflanzung wird die unterste Astserie in flachem Winkel an den Draht geheftet und die Mitte ca. 50 cm über der Astentstehungsstelle angeschnitten. So treibt die Mitte kräftig durch, und die entstehenden Langtriebe werden bereits im Sommer als 2. Astgruppe in flachem Winkel geheftet. Im Folgejahr wird wieder nur die Mitte auf 50 cm über der 2. Astserie zurückgeschnitten, damit die nächsten Seitenäste entstehen. So bildet sich ein freier Fächer, bei dem nur die unerwünschten Steiltriebe entfernt werden.

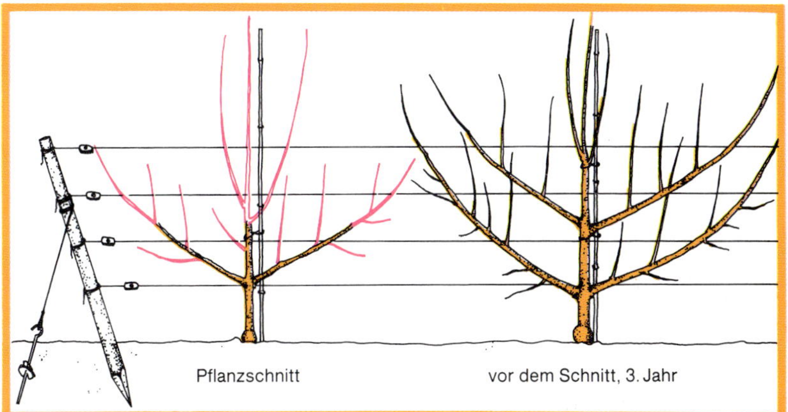

Pflanzschnitt

vor dem Schnitt, 3. Jahr

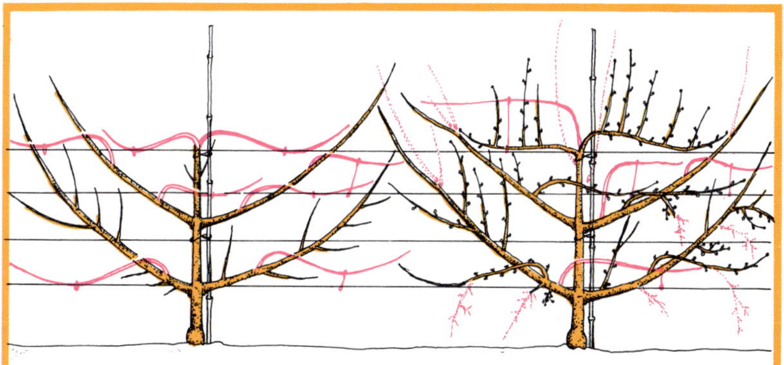

Schnitt im 3. Jahr

Im 4. Jahr nur auslichten, Fruchtholz gering verjüngen

Erreicht das Spalier die gewünschte Höhe von ca. 2,20–2,50 m, lenkt man den Mitteltrieb in die Waagrechte durch Formieren an den Drahtrahmen um, damit der Wuchs gebremst wird. Mit dem Einsetzen größerer Erträge läßt der Wuchs erheblich nach. Die Fruchtäste werden grundsätzlich in einer leichten Schrägstellung an den Drahtrahmen gebunden. Am besten eignet sich dazu noch immer der Kokosstrick, obwohl es zahlreiche Heftvorrichtungen im Handel zu kaufen gibt. Wäscheklammern sind ein schlechter Behelf. Steiltriebe, die man nicht waagrecht stellen kann, muß man auf Astring wegschneiden.

Ähnlich wie bei der Spindelbuscherziehung werden das Fruchtholz und die Fruchtäste in ihrem Längenwachstum durch Absetzen beschränkt und immer wieder verjüngt. Dabei versucht man immer, die Breitenausdehnung zu beschränken.
Kirschen, Zwetschgen, Renekloden eignen sich für diese Erziehung nicht. Dagegen kann man Aprikosen und Pfirsiche sehr vorteilhaft am Drahtrahmen erziehen. Diese Obstsorten werden in Art des formlosen Fächerspaliers erzogen, wobei man die entstehenden Neutriebe einschließlich des Mitteltriebes immer wieder im Sommer umbiegt und etwas schräg an den Draht anheftet. Diese Erziehungsform hat sich bei größeren Baumformen auch für die Wandspaliere an Mauern usw. seit langem bewährt, weil die Behandlung besonders einfach ist.

Ein Wandspalier macht Freude

Von alters her zieht man an Wänden gerade in rauheren Klimalagen Obstbäume, da durch den Wärmestau einer Wand besonders gut gefärbte aromareiche, süße Früchte gedeihen. Aprikosen und feinschalige Birnen lieben eine intensive Sonnenbestrahlung ebenso wie der Pfirsich oder der Wein. Warum sollte man nicht so manche kahle, aber besonnte Wand als »Italienersatz« im rauhen Norden ausnützen? Hinzu kommt, bedingt durch die vor rauhen WInden und kalten Frösten geschützte Lage an der Wand, daß die Fruchtbarkeit viel höher ist als im freien Stand. Das Wandspalier kann sowohl am Wohnhaus, noch besser aber an Garagenwänden, Schuppen, Stallgebäuden, Werkstattwänden dazu beitragen, kahle und eintönige Flächen zu richtigen Schmuckstücken werden zu lassen. In Österreich und der Schweiz, aber auch in Süddeutschland sieht man viele schöne und gut gestaltete Spaliere!

Ein Spaliergerüst ist notwendig

Es läßt sich einfach selbst mit 3–4 m langen Latten, die man hobelt und mit Ölfarbe oder modernen Holzschutzmitteln streicht, herstellen. Entweder befestigt man mit einem Mauerhaken ein 5 × 10 cm großes Holzklötzchen an 4 Stellen an der Wand und nagelt darüber 2 waagrechte Querlatten, auf die im Abstand von 50–60 cm senkrechte Latten (2 × 3 cm) genagelt werden. An Stelle der Querlatten kann man auch 6 Mauerhaken eindübeln, an denen 3 Querdrähte befestigt werden. Die senkrechten Latten werden dann mit einer kleinen Drahtschlaufe befestigt. Hinter dem Spaliergerüst soll immer 10 cm Abstand zur Mauer bleiben, damit die Luft noch frei zirkulieren kann.

Als Wandspalier eignen sich an der Süd- und Ostwand Birne, Aprikose, Pfirsich und Wein. An der Westwand nur frühe Birnensorten. Die Pflanzung erfolgt nach guter Bodenvorbereitung wie sonst, nur beläßt man den jungen Bäumen außer dem Mitteltrieb nur zwei Leitäste und bindet weitere Äste als Fruchtäste waagrecht. Besonders wichtig ist an der heißen Mauer das Einwässern und anschließend eine Bodenbedeckung mit Stroh, Gras oder einem Mist-Torfmull-Gemisch, um ein Austrocknen gerade in den ersten Anwachsjahren zu verhindern. Äpfel eignen sich übrigens nur schlecht, da sie von Mehltau und Blutlaus übermäßig befallen werden.
Es gibt zwei grundsätzlich verschiedene Erziehungsformen: Der klassisch kurze Spalierschnitt eignet sich nur für Birnen mit sortenbedingt kurzem Fruchtholz (Kurztriebbildung) als senkrechter Kordon (nur langer Mitteltrieb mit kurzem Fruchtholz, ohne Seitenäste) und als U-Formen für kleine Wandflächen. Die zweite Erziehungsform ist das formlose Fächerspalier, das sich besonders einfach einordnen und pflegen läßt.

1

2

3

Formloses Fächerspalier im Winter (1) und im Sommer (2).

Herrliche Birnen trotz rauhen Klimas am Wandspalier (3).

Besonderheiten beim Kernobst

Apfel

Er zeigt erhebliche Sortenunterschiede sowohl in der Stellung der Triebe zum Stamm, die sehr breitwinkelig angelegt sein können, oder aber – wie bei den Vertretern der Delicious-Gruppe – sehr spitzwinkelig entstehen. Die Ausbildung des Fruchtholzes ist besonders sortentypisch und wird vereinfacht in 3 Gruppen zusammengefaßt:
Sortengruppe 1 umfaßt Sorten, die von Natur aus stark verzweigen und viel Fruchtruten ausbilden. Dazu gehören die 'Jonathan'-Verwandten sowie die Gruppe des 'Golden Delicious' und der 'Red Delicious'-Abkömmlinge.
Sortengruppe 2. Diese Sorten weisen langes bis sehr langes Fruchtholz auf, verzweigen sich wenig und besitzen außerdem mehr oder weniger kahle Astpartien. Hierzu gehören der 'Gravensteiner', 'Boskoop', 'Glockenapfel' und die 'Rambour'-Familie.
Sortengruppe 3. In dieser Gruppe sind Sorten zusammengefaßt, die kurzes bis mittellanges Fruchtholz ausbilden und sich mäßig verzweigen. Dazu gehören 'Goldparmäne', 'James Grieve', 'Oldenburg' und die 'Cox'-Verwandten.

Während für die Sortengruppe 2 der Rückschnitt besonders auf die Erzielung ausreichender Verzweigungen abzielt, wird man bei der Sortengruppe 1 ständig auf eine Vereinfachung der übermäßigen Fruchtholzbildung hinarbeiten müssen. Die Sortengruppe 3 ist bei der Erziehung relativ problemlos und bedarf später eher eines Wuchsanreizes durch Verjüngungsschnitt (siehe auch ab Seite 82).

Birne

Da man bei der Birne verschiedene Typen der Fruchtholzbildung beobachten kann, teilt man sie in 3 Sortengruppen ein: Neben Sorten, die am kurzen Fruchtholz Blütenknospen bilden, finden sich Sorten, die an mittellangen oder nur an langen Fruchtruten eine endständige Blütenknospe bilden
Sorten mit kurzem Fruchtholz. Am 1jährigen Trieb bilden sortenbedingt fast alle Augen auf der ganzen Länge kurze Ringelspießchen, die im Laufe der Jahre zu quirligem Fruchtholz umgebildet werden. Sorten mit kurzem Fruchtholz sind z.B. 'Frühe aus Trévoux', 'Gellerts Butterbirne', 'Conference', 'Gräfin von Paris' u. a.
Sorten mit mittellangem Fruchtholz. Am 1jährigen Trieb werden eine Reihe von Fruchtspießen gebildet, die zu quirligem Fruchtholz weiterentwickelt werden. Schneidet man die Fruchttriebe kurz, so antworten sie mit kräftigem Durchtrieb, ohne Blüten anzusetzen. Hierzu gehören 'Williams Christ', 'Triumph aus Vienne', 'Diels Butterbirne', 'Tongern' u. a.

Sorten mit langem Fruchtholz. Sorten dieser Gruppe bilden am 1jährigen Trieb nur die Endknospe als Blütenknospe aus. Alle übrigen Augen bilden zunächst nur Blattknospen, die nach Beginn des Fruchtens der Endknospe langsam zu Blütenknospen umgewandelt werden und erst dann quirliges Fruchtholz entstehen lassen. Beim Schnitt muß man die Fruchttriebe unbedingt lang lassen! Sorten wie 'Alexander Lucas', 'Boscs Flaschenbirne' und 'Clapps Liebling' sind dafür typisch. Gerade Birnen eignen sich auf Grund ihrer Veranlagung zu einer starken Förderung des Mitteltriebes besonders zur Erziehung als kurze Spindel.

Quitte

Diese Obstart trägt am 2- und 3jährigen Holz. Sie wird überwiegend als Busch oder als Halbstamm im Garten gepflanzt. Willig bildet sie Fruchtholz, läßt sich leicht aufbauen, doch wird üblicherweise auf strengen Erziehungsschnitt verzichtet; dafür ist man für einen Ausgleich innerhalb der Krone besorgt. Zu starker Trieb erhöht besonders in rauhen Lagen erheblich die Frostempfindlichkeit, so daß man nur auslichtet und immer wieder Fruchtholzverjüngungen vornimmt.
Da die Quitte meist auf Weißdorn, seltener auf Quitte steht, zeigen sich immer wieder zahlreiche Triebe am Wurzelhals (Wurzel und Stammschosse), die man möglichst mit der Säge entfernt, um rauhe Wunden zu hinterlassen. Glatte Schnittwunden reizen zu Neutrieben. Häufig sind auch Frostschäden an der Veredelungsstelle zu beobachten, besonders bei Rotdorn-Stämmchen. Die Quitte kann jedoch trotzdem alt werden, wenn die Wunden versorgt und die Wundränder geschröpft werden.

Besonderheiten beim Steinobst

Süßkirsche

Sie trägt am zweijährigen Holz und bildet am dreijährigen Holz zahlreiche, dichtbesetzte Buketttriebe. Beim älteren Holz tritt die Verkahlung ein. Der sehr starke Wuchs der Süßkirsche macht im Garten besonderes Kopfzerbrechen. Nach dem Pflanzschnitt führt man noch 3 Jahre den Erziehungsschnitt durch, dann genügt ein Instandhaltungsschnitt von leichter Hand. Man beschränkt sich auf eventuelles Auslichten und entfernt nach innen stehende Triebe an den Quirlen.

Zwischen dem 6.–10. Standjahr setzt man dann die Krone über die Quirle ab, d. h. man läßt keinen Höhenzuwachs der Mitte und der Leitäste mehr zu. Dadurch wird die Krone breiter. In den Folgejahren wird eine Verjüngung der Fruchtäste empfohlen, um dem Baum nicht ein übermäßiges Kronenausmaß zu geben. Die als Gummifluß bezeichnete Harzbildung ist nicht auf Schnittmaßnahmen zurückzuführen, sondern auf Ernährungsstörungen. Besondere Vorsicht ist beim Anlehnen der Leiter oder beim Besteigen der Krone mit Stiefeln geboten. Auf Astverletzungen reagiert die Süßkirsche meist mit dem Absterben ganzer Äste.

Zwar ist der Winterschnitt die übliche Schnittzeit, der Sommerschnitt sofort nach der Ernte ist jedoch viel empfehlenswerter. Besonders dort, wo mit Infektionen der Zweigmonilia zu rechnen ist, darf nur noch im Sommer geschnitten werden.

Sauerkirsche

Sie bildet überwiegend am einjährigen Holz Blütenknospen. Besonders die Sorte ‘Schattenmorelle’ bildet lange Peitschentriebe, die im 2. Jahr völlig verkahlen. Die Sortengruppe ‘Heimanns Rubinweichsel’-‘Beutelspacher Rexelle’ verkahlt nicht so stark und bildet ähnlich wie die ‘Koröser Weichsel’ zahlreiche Kurztriebe als Bukettzweige. Die hellfrüchtigen Amarellen zeigen ähnlich wie die Schattenmorelle stark überhängende Kronen, aber zahlreiche kurze Fruchttriebe. Allen Sauerkirschen gemeinsam ist, daß sie auf kräftiges Verjüngen angewiesen sind. Allen voran die ‘Schattenmorelle’, wo man nach 3–4 Jahren den Erziehungsschnitt einstellt, aber dafür möglichst im Sommer schon nach der Ernte die langen Peitschentriebe auf kleine Seitentriebe oder deutlich erkennbare Augen nahe der Basis zurückschneidet. Im Erwerbsanbau hat sich ein zweijähriger Turnus der Verjüngung bewährt, wobei im ersten Jahr stark die Höhe um ca. 1 m zurückgenommen (obere Hälfte der Krone) und im 2. Jahr stark die untere Hälfte verjüngt wird.

Auch bei den hochaufstrebenden Kronen der anderen Sorten ist nun wieder ein kräftiges Auslichten und

Verjüngen die Hauptarbeit. Bei zu engen Kronen wird der Mitteltrieb auf einen Seitentrieb umgelenkt (abgesetzt), um mehr Luft in die Kronen zu bekommen. Tritt Monilia auf (Kennzeichen: Blätter werden plötzlich braun und hängen fest am Ast), wird man sofort zur Schere greifen und kräftig ins gesunde Holz zurückschneiden. Die befallenen Äste müssen entweder verbrannt oder mit der Müllabfuhr beseitigt werden.
Winterschnitt ist üblich, doch ist eine Behandlung nach der Ernte erfolgreicher.

Zwetschge, Pflaume, Reneklode, Mirabelle

Diese Obstarten setzen einheitlich Blütenknospen am zweijährigen Holz an, fruchten am zwei- bis dreijährigen Holz und verkahlen dann rasch. Sie eignen sich trotz ihrer recht unterschiedlichen Kronenentwicklung, die von breitsparrig bis eng-hochkronig reicht, zum Aufbau mit 3 Leitästen, doch wird hin und wieder dem 4-Leitast-Aufbau der Vorzug gegeben. Gefährlich ist bei allen Sorten die Neigung zum Ausbrechen spitzwinklig angesetzter Äste, so daß besonderes Augenmerk auf die Beseitigung von Konkurrenztrieben gelegt werden muß. Alle Arten und Sorten bilden rasch viel kurztriebiges Fruchtholz, das jährlich reich verzweigt, so daß Übererträge einsetzen. Der Fruchtholzverjüngung muß besondere Aufmerksamkeit geschenkt werden; deshalb wird man bei Hauszwetschgen, Mirabellen u.a. immer wieder durch Absetzen auf Nebentriebe die ganze Krone verjüngen müssen.

Besonderheiten beim Steinobst

Stark wachsende Sorten, wie 'Wangenheims Frühzwetschge', reagieren auf radikale Verjüngung hervorragend, wenn man die entstehenden Langtriebe im Folgejahr lang läßt und nur auslichtet. Der Winterschnitt ist problemlos.

Aprikose

Sie trägt am einjährigen Holz Blütenknospen und bildet an kurzen Spießen am zwei- bis dreijährigen Trieb Bukette. Als Erziehungsform wird der Busch oder Niederstamm empfohlen, eignet sich aber besonders als Wandspalier, wo sie vor den gefürchteten Spätfrösten am besten geschützt werden kann, da sie sehr früh blüht. Das Aprikosenspalier benötigt im Sommer oft zusätzliche Wassergaben, weil sein Feuchtigkeitsbedarf oft unterschätzt wird. Als zwangsloses Fächerspalier werden die Triebe seitlich geheftet. Da die Langtriebe sehr stark sind und später verkahlen, wird eine Verjüngung mit kräftigem Rückschnitt immer wieder notwendig, um reichlich einjährige Neutriebe zu erzielen. Im Gegensatz zum Pfirsich können die Bäume recht alt werden. Besonders wichtig ist sorgsame Wundbehandlung. Leitäste immer wieder kurz zurücknehmen. Seitenäste, wenn sie nicht zu alt sind, lang lassen. Kurze Triebe (Buketttriebe) bleiben ungeschnitten. Bei der Verjüngung Seitentriebe nicht wegschneiden, sondern mit Rückschnitt auf Kurztrieb setzen, da sonst Verkahlung eintritt.

Pfirsich

Zur Pflanzung, die man nur im Frühjahr vornimmt, verwende man nur 1jährige Veredelungen, da 2jährige Büsche sehr schlecht anwachsen. Beim Pflanzschnitt astet man das Stämmchen auf 50 cm über den Boden aus und sucht 3 günstige vorzeitige Triebe als Leitäste. Sie werden auf 5–6 Augen zurückgenommen. Den Mitteltrieb läßt man 15–20 cm länger und schneidet alle weiteren Triebe einfach weg. Pfirsiche müssen sehr gut eingewässert und gegen Spätfrost und Sonne mit Stroh oder Reisig eingebunden werden, um ein Zurücktrocknen der Jungtriebe zu verhindern.
Im 2. und 3. Standjahr baut man die Leitäste durch Rückschnitt um ca. die Hälfte des Jahrestriebes auf. Es kommt darauf an, möglichst kräftige Fruchttriebe zu erzielen. Man unterscheidet verschiedene Triebarten:
Holztriebe: Sie weisen auf ihrer ganzen Länge nur spitze Blattknospen auf. Der Rückschnitt erfolgt auf 2 Augen, um kräftigen Neutrieb zu erzielen.
Falsche Fruchttriebe: Sie zeigen auf ihrer ganzen Länge nur dicke Blütenknospen. Da keine Blätter zur Verfügung stehen, werden nur kümmerliche Früchte ausgebildet. Da die falschen Fruchttriebe im Folgejahr absterben, erfolgt auch hier ein Rückschnitt auf zwei Augen.
Bukett-Triebe: Diese Triebe läßt man ungeschnitten.
Echte Fruchtholztriebe: An der Basis zeigen die echten Fruchttriebe 2 Blattknospen; dann folgt eine größere Zahl gemischter Knospen, die sich aus zwei Blüten- und einer Holzknospe zusammensetzt. Am Triebende sind dann wieder Blattknospen vorhanden.
Die echten Fruchttriebe schneidet man auf 6–8 Augen zurück, so daß dann 4–5 Früchte verbleiben. Dadurch ist die Ernährung der Pfirsiche ausreichend gesichert. Im Folgejahr wird auf die beiden Holzknospen zurückgeschnitten, die zwei neue Langtriebe bilden. Der kräftigere wird als Fruchttrieb behandelt, während der schwächere auf Holzknospen oder auf Astring zurückgenommen wird.
Vorzeitige Triebe: Sie fallen durch ihre schwächliche Ausbildung auf. Man schneidet sie bis auf die Basisaugen zurück, da sie wertlos sind.

Der sehr frostempfindliche Pfirsich wird grundsätzlich erst kurz vor der Blüte geschnitten und verträgt starke Verjüngungsmaßnahmen sehr gut.
Nur wenn der Rückschnitt immer sehr scharf erfolgt, werden ausreichend starke Fruchttriebe gebildet. Als Erziehungsform wählt man eine Hohlkrone mit 4 Leitästen ohne Mitteltrieb. Am besten empfiehlt sich der Pfirsich als Wandspalier, da die meisten Standorte viel zu rauh sind. Die Spaliererziehung erfolgt als Fächer.

Richtig Umpfropfen ist eine Kunst

Während im Erwerbsobstbau Sortenkorrekturen zumeist von den Markt- und Absatzbedingungen ausgelöst werden, sind die Gründe für Veränderungen vorhandener Sorten im Gartenobstbau ganz anderer Art: Die Sorten entsprechen nicht den klimatischen Verhältnissen, oder ihre Fruchtbarkeit ist zu gering; häufig ist ganz einfach die Krankheitsanfälligkeit zu hoch. Es stellt sich heraus, daß Sorten zu hoher Schorfanfälligkeit, Mehltaubefall, Monilia oder zu Krebs neigen und nur mit intensivem Pflanzenschutzmitteleinsatz gesundgehalten werden können. Solche Sorten sind im Gartenobstbau heute unerwünscht, da es ausreichend widerstandsfähigere Sorten für jeden Standort gibt. Ebenso unbrauchbar ist für den Selbstversorger ein zu einseitiges Sortiment mit vielen Herbstsorten oder ausschließlich mit späten Lagersorten. Immer sollte man eine Verteilung der Ernte über das ganze Jahr anstreben.
Voraussetzung für den Erfolg der Veredelung ist, daß die Bäume gesund und nicht zu alt sind, da die Veredelung ja für einige Zeit einen Umstellungsprozeß auslöst und die gesamte Krone neu aufgebaut werden muß. Wertvolle Bäume, die im mittleren Ertragsalter stehen, kann man rasch wieder durch das Umpfropfen zu großen Ernten mit neuen Sorten bringen und so eine langwierige Neupflanzung umgehen.

Einen wirklichen Erfolg zeigt daher nur die Veredelung relativ junger, lange lebensfähiger, gesunder Bäume!

Die miteinander zu veredelnden Partner – *Edelreis* und *Unterlage* – stellen eine Pfropfkombination dar, die möglichst risikolos miteinander verwachsen und ohne Spannungen leben soll. Deshalb ist die Veredelung von schwach wachsenden Edelsorten auf schwachtriebige Unterlagen unbedingt zu vermeiden. Stark wachsende Edelsorten dagegen eignen sich für alle Unterlagenpartner. Schwach wachsende Edelsorten müssen immer auf starktriebige Unterlagen aufveredelt werden, damit sie rasch wieder Gerüstäste aufbauen.

Abwurfhöhe richtig bestimmen

Das Abwerfen regelmäßig geschnittener Kronen ist ziemlich problemlos, da das ursprüngliche Kronengerüst beibehalten wird. Ganz wesentlich ist, daß der Abwurf nicht zu

Der Abwurf darf nicht zu lang oder zu kurz sein; Leitäste werden mit 110–120°, Seitenäste etwas kürzer abgeworfen (oben).

Die Vorbereitung auf Stumpen erfolgte im Winter; erst unmittelbar vor Einsetzen der Reiser werden die Propfköpfe endgültig abgesägt (unten).

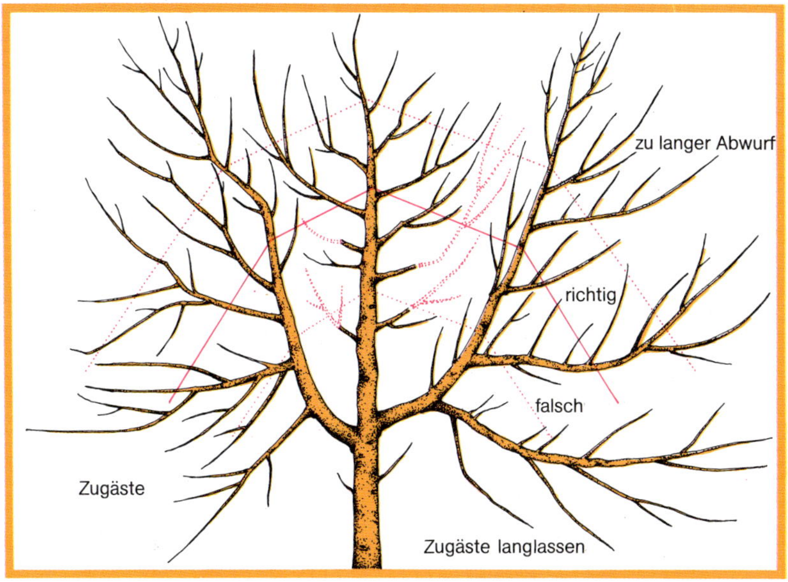
zu langer Abwurf
richtig
falsch
Zugäste
Zugäste langlassen

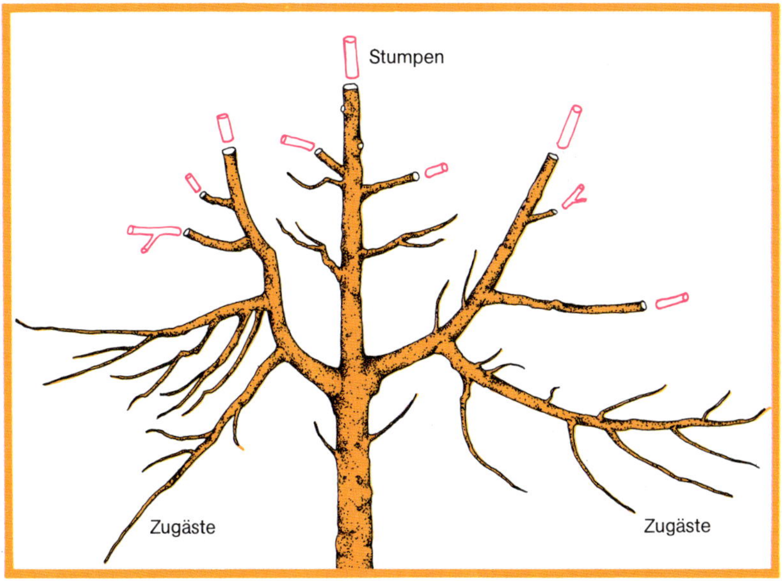
Stumpen
Zugäste
Zugäste

radikal erfolgt. Sehr junge Bäume werden kurz abgeworfen, da sie in wenigen Jahren ohne Verluste eine neue Krone aufbauen können. Bei bisher ungeschnittenen Kronen muß dem Abwerfen zunächst die Überlegung vorausgehen:
Wo ist die Mitte, wo sind die zukünftigen Leitäste und welche Äste werden Seitenäste? (Siehe »Goldene Schnittregeln« 1–4, Seite 39–42.)
Die häufigsten Mißerfolge beim Umveredeln treten durch *zu kurzes Abwerfen* ein, so daß der Baum im Saft erstickt, wie man volkstümlich dazu sagt. Je älter die Bäume sind, um so mehr muß die Abwurfhöhe überlegt werden. Ältere Bäume benötigen daher zahlreiche Zugäste, um die Operation ohne Risiko und Rückschläge zu überstehen. Ein »längerer« Abwurf und nicht zu große Pfropfköpfe erleichtern die Verheilung und beschleunigen wiedereinsetzende Erträge. Das Mehr an Pfropfköpfen kann man leicht in Kauf nehmen. Am besten verwachsen Köpfe, die nicht über 10 cm Durchmesser aufweisen, da die Überwallung von größeren Kopfwunden auch beim Einsetzen von zahlreichen Edelreisern immer problematisch bleibt.

Ohne Zugäste erstickt der Baum im Saft

Im unteren Drittel der Krone verbleiben Zugäste ungeschnitten, um die Stoffproduktion für die Wundverheilung anzukurbeln. Gleichzeitig verhindert man dadurch die Unterbrechung der Stoffwechselversorgung für die Wurzeln, die durch radikale Eingriffe einen Schock mit Kreislaufstörungen erhalten. Die Zugäste richtet man durch Absetzen so, daß sie nach unten zeigen und ihr Wuchs stark gebremst wird. Zu hoch in der Krone stehende Zugäste vermeidet man, da sie sonst heftig durchtreiben und für die Pfropfköpfe zur Konkurrenz werden. In den Jahren nach der Veredelung reduziert man die Zugäste, bis sie nach 3–5 Jahren ganz weggeschnitten werden können.

Wann wird abgeworfen?

Kernobst wirft man im Spätwinter ab, während Steinobstbäume erst kurz vor der Blüte abgeworfen werden. Jüngere Kirschen und Zwetschgen nehmen die Edelreiser besser an als ältere, so daß man bei älteren Bäumen besser 1 Jahr nach dem Abwurf abwartet, um erst auf die Jungtriebe aufzuveredeln. Süß- und Sauerkirschen kann man aber auch im Sommer besser umpfropfen, da die Reiser garantiert frisch sind und die Verwachsung sofort erfolgt. Die Zeit für die Kirschenveredelung ist daher der August.

So wird abgeworfen

Vor Beginn der Arbeit geht man einige Meter vom Baum zurück, um

die ganze Krone zu übersehen, und legt sich an der Mitte den Angriffspunkt für den Abwurf fest. Von diesem Punkt aus stellt man sich einen Dachwinkel von ca. 120° vor; wo diese Linien die Leitäste treffen, wird abgeworfen. Die zur Veredelung brauchbaren Seitenäste werden ebenso wie die Fruchtäste am Mitteltrieb etwas kürzer zurückgenommen. Im Winter wirft man ca. 30 cm über den geplanten Veredelungsstellen ab und beläßt diese Stumpen, um ein Zurückfrieren und Austrocknen der Veredelungsstellen zu verhindern.
Ca. 60 cm unterhalb der provisorischen Abwurfstelle entfernt man alle Nebenäste auf kurze, ca. 5 cm lange Aststummel, da sie später zur Konkurrenz für die Edelreiser würden. Endgültig werden sie erst am Tage der Veredelung entfernt. Achten Sie besonders darauf, daß die zukünftige Veredelungsstelle möglichst astfrei und geradschäftig gewachsen ist, da das Einsetzen der Reiser auf unebenen Stammteilen große Schwierigkeiten bereitet.

Edelreisergewinnung

Wie Edelreiser am besten gewonnen werden

Die beste Zeit, um absolut sicher anwachsende Reiser in der Saftruhe zu gewinnen, ist der Januar. Um erstklassiges Material zu bekommen, sucht man von bekannten, guten Ertragsbäumen einjährige, etwa bleistiftstarke Triebe, die auf gut belichteten Astteilen gewachsen sind. Nur Neutriebe, die viel Sonne bekamen, sind gut ausgereift und haben kurze Knospenabstände und kräftige Knospen ausgebildet. Bei regelmäßig geschnittenen Kronen ist die Edelreisergewinnung problemlos. In älteren Kronen bekommt man Edelreiser meist nur dann, wenn man 1 Jahr vorher eine kräftige Verjüngung vornimmt und damit einen neuen Durchtrieb erzielt. Um zu verhindern, daß im warmen Frühjahr Edelreiser – besonders beim Steinobst – vorzeitig antreiben und damit wertlos werden, ist die Aufbewahrung an einem kühlen, schattigen Ort besonders wichtig. Ein Bierkeller wäre ideal. Man steckt die gebündelten und etikettierten Reiser in ein Kistchen mit Sand oder legt sie in eine mit Moos ausgepolsterte Obstkiste.

1

2

Technik des Veredelns

Zur Veredelung benötigt man ein Kopulationsmesser möglichst mit einer geraden Klinge, das auf einem Abziehstein so lange geschliffen wird, bis man Rasiermesserschärfe erreicht (Probe: Hauthaare müssen mühelos rasiert werden können). Das Edelreis wird kurz in die linke Hand genommen und mit der rechten Hand durch einen ziehenden raschen Schnitt eine möglichst lange, ebene Schnittfläche gezogen. Das braucht sehr viel Übung, so daß man sich vor dem Veredeln eine Handvoll Weidentriebe besorgt und mindestens 50 Schnitte probiert, um absolute Sicherheit beim Schneiden zu bekommen.

Merke: Entscheidend ist, daß man eine völlig ebene, lange, glatte Schnittfläche herstellt. Jedes Nachschneiden ist unbedingt zu vermeiden, da der Schnitt sonst nie sitzt.

3

4

Rasches Arbeiten ist bei der Veredelung notwendig

Der Pfropfkopf wird zuerst frisch abgesägt, dann mit dem Messer glattgeschnitten und das Reis für die Veredelung geschnitten, um nach Anbringung des Rindenschnittes sofort eingesetzt zu werden.

5

6

7

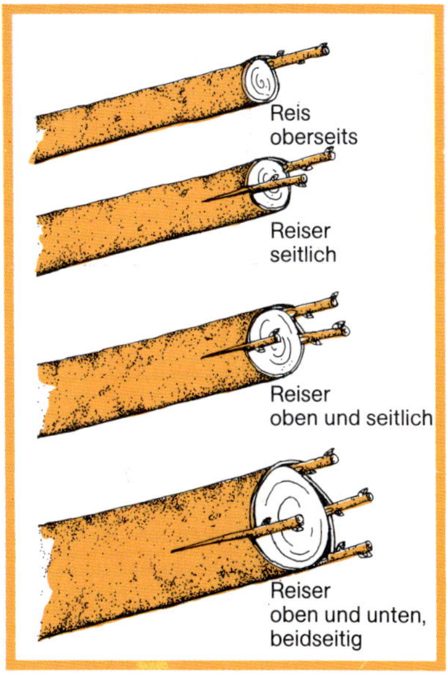

Ablauf der Veredelung.
Zunächst wird der Kopf glattgeschnitten (1), dann nach dem Reiserschnitt ein Rindenflügel geöffnet (2, 3). Das Reis wird vorsichtig von oben eingeschoben (4), mit Bast verbunden (5) und der fertige Pfropfkopf (6) und das Reis werden verstrichen (7).

Dieses rasche Arbeiten ist entscheidend für den Veredelungserfolg und wichtig vor allem für alle Steinobstarten. Sitzen die Reiser fest, so wird sofort mit Bast oder Kunststoffband verbunden und mit einem Veredelungswachs oder Kunststoffüberzug der Pfropfkopf exakt allseitig abgedeckt und die Schnittstellen an der Rinde und am Reisende sorgfältig abgedeckt, um das Austrocknen der Reiser oder das Eindringen von Regenwasser in die Wunden absolut sicher zu verhindern. Gelingt das nicht, gibt es immer Ausfälle.

Die 3 wichtigsten Veredelungsarten

Die verbesserte Geißfuß-Veredelung

Diese Veredelungsart, die man bereits im Januar–März durchführt, eignet sich besonders für nicht zu starke Äste (Durchmesser ca. 5 cm). Die Geißfuß-Veredelung weist einen ganz erheblichen Vorsprung vor dem üblichen Rindenpfropfen im Mai auf, da das Reis bereits bei geginnendem Austrieb verwächst und schon im April mit dem Neutrieb einsetzt.
Beim Geißfußpfropfen wird das Reis gegenüber der Knospe mit einem Kopulationsschnitt versehen und einem zweiten Kopulationsschnitt im rechten Winkel dazu. (Man schneidet also keinen Spitzkeil mehr!) Der Pfropfkopf wird zunächst senkrecht eingeschnitten und erhält dann einen rechtwinkligen zweiten Schnitt.
Durch diesen rechten Winkelschnitt läßt sich das Reis sehr einfach und sicher einpassen, wird mit Bast verbunden und verstrichen und sitzt außerordentlich fest und verwächst rasch.

Das Wencksche Rindenpfropfen

Diese Veredelungsart stellt ebenfalls eine erhebliche Verbesserung des bisher üblichen »Hinter-die-Rinde« und des Tittelpfropfens dar. Zunächst führt man »gegenüber« dem Auge einen möglichst langen Kopulationsschnitt aus. Dann löst man nach einem senkrechten Schnitt am Pfropfkopf nur einen Rindenflügel. Das Reis wird von oben vorsichtig eingeschoben und erhält an der Seite, wo der Rindenflügel nicht angehoben wird, einen

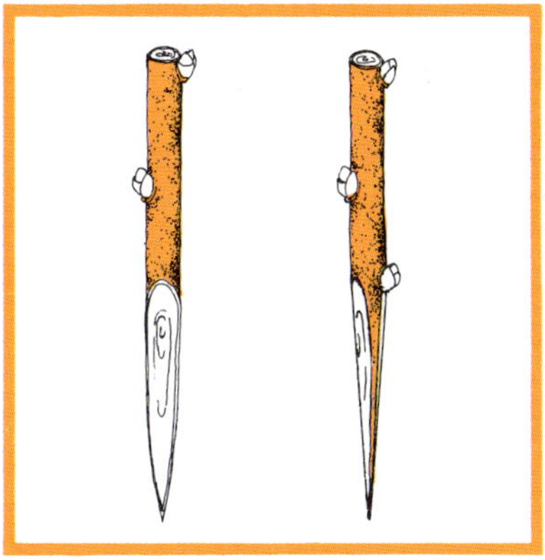

Die Kopulation mit Gegenzungen

Diese Veredelungsart führt man bei besonders schwachen Ästen durch, wo man hinter die Rinde nicht veredeln kann. Beim Ast wird ein Kopulationsschnitt von unten nach oben gezogen. Das Reis erhält einen Kopulationsschnitt auf der Rückseite des Auges, dann schneidet man ca. 1 cm in der Unterlage und im Reis schräg ein und steckt beide so zusammen, daß die Kambiumfläche exakt – zumindest auf einer Seite – decken. Der Bastfaden wird zuerst entlang dem Reis gelegt und dann von oben nach unten umwickelt und mit einer Schlinge festgezogen. Die gesamte Veredelung wird allseitig mit Baumwachs verstrichen.

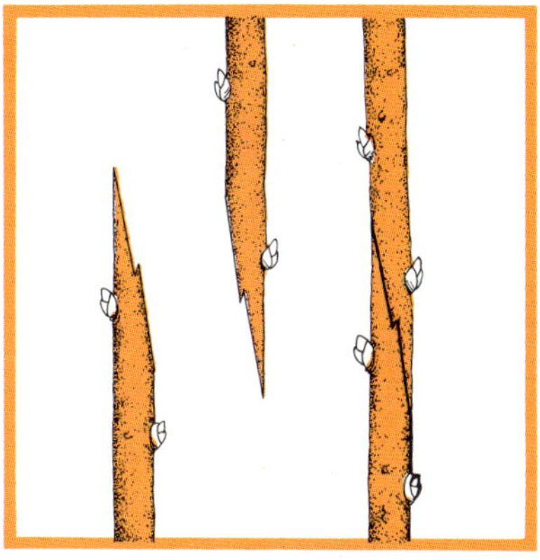

zweiten, aber nur leichten Kopulationsschnitt, der an der senkrechten Schnittfläche anliegt. Vom Auge abwärts wird mit dem Messer etwas Rinde gelöst. So liegt das Reis an 3 Seiten am Kambium an und verheilt rasch und sicher.
Der Bast wird zuerst am Kopfende mehrfach gebunden und dann zwei- bis dreimal nach unten gewikkelt und mit einer einfachen Schlinge festgezogen.

Sommerbehandlung von Veredelungen

Schon nach 5–6 Wochen führt man über den Bast, mit dem die Edelreiser festgebunden sind, einen Schnitt durch. Dadurch wird der Bast gelöst und kann nun trotz einsetzendem Dickenwachstum nicht mehr einschneiden und keine Abschnürungen mehr verursachen.

Pfropfkopf im Sommer vor der Behandlung.

Durch den Abwurf eines Großteiles der Krone werden plötzlich alle schlafenden Augen der Ast- und Stammpartien zum Austrieb angeregt, so daß für die frisch veredelten Reiser in wenigen Wochen eine erhebliche Konkurrenz durch die zahlreichen *Neutriebe* entsteht. Es liegt auf der Hand, daß man diese Neutriebe frühzeitig reduziert, um den Edelreisern alle Kraft und alles Licht zukommen zu lassen. Im Juli/August köpft man bei den Sommerarbeiten alle Neutriebe, die 30 cm unterhalb des Pfropfkopfes entstanden sind auf Blattrosette. Die tieferstehenden Starktriebe auf der Unterlage werden gekappt oder waagrecht gebunden, um ihren Wuchs zu bremsen. Auf keinen Fall dürfen die Äste völlig freigeschnitten werden, da sonst Rindenschäden durch Sonnenbrand entstehen.

Man vergesse nie, daß der Baum jedes einzelne Blatt zur Stoffproduktion und zur Beschattung dringend braucht.

Im Sommer bleiben die Neutriebe aus den Veredelungsreisern völlig ungeschnitten. Man stäbt aber die zumeist sehr weichen krautigen Triebe, um zu verhindern, daß durch Wind oder Vögel Bruchschäden eintreten. Den Stab bindet man am Ast zweimal an; mit zwei weiteren lockeren Schlingen wird das Edelreis gesichert.

Nachbehandlung veredelter Kronen

Im Winter schneidet man zunächst die Pfropfköpfe auf 30–40 cm frei. Alle Triebe der Unterlage werden in diesem Raum vollkommen entfernt. Alle tiefer stehenden Neutriebe versucht man waagrecht abzusetzen und sie nach außen abzuleiten. Jeder Steiltrieb, der Konkurrenz für die Edelreiser bildet, wird weggeschnitten. Oft stehen zahlreiche Neutriebe (fälschlich Wasserschosse) auf den Ästen, die man dann auf ca. 20 cm Abstand vereinzelt. Man bevorzugt dabei alle waagrecht, seitlich stehenden Triebe, die erfahrungsgemäß nicht so stark durchtreiben. Auch jetzt dürfen auf keinen Fall sämtliche neuen Triebe entfernt und die Äste kahlrasiert werden. Die Erfahrung zeigt, daß diese Äste sich rasch zu Fruchtholz umbilden und die Unterlage sehr schöne große Früchte liefert. Um Saftspannungen zu vermeiden und die Stoffproduktion aufrechtzuerhalten, werden die Zugäste erst im Laufe der nächsten Jahre so langsam weggenommen, wie die Produktionsfläche aus den Reisern zunimmt. Da der Neuaufbau der Krone doch einige Jahre dauert, wird man in dieser Zeit die Zugäste schonend behandeln.

Das Veredeln

Erst nach der Behandlung der Neutriebe werden die Edelreiser geschnitten

Eine Verlängerung für die Leit- und Seitenäste soll aus den günstigst gestellten Reisern entstehen. Man überprüft zunächst ihre Stellung und ihr Anwachsergebnis und formiert sie, wenn das notwendig ist, durch Stäbe in die gewünschte Richtung. Nachdem die Konkurrenztriebe weggeschnitten wurden, erfolgt der Rückschnitt. Bei jungen Bäumen kann man den Rückschnitt etwas kürzer fassen, während bei älteren Bäumen der Jahrestrieb nur um $^1/_3$ etwa zurückgenommen wird. Früher ging man von kurzem Rückschnitt aus, doch heute versucht man, nicht mehr als 50% auch bei den jüngeren Bäumen vom Jahrestrieb wegzuschneiden, um den Wiederaufbau des Kronengerüstes zu beschleunigen. Sind auf dem Pfropfkopf noch weitere Reiser vorhanden, so läßt man diese heute lang, damit sie möglichst bald fruchten. Deshalb werden sie durch Binden oder Stäben waagrecht formiert, damit sie sicher keine Konkurrenz für die Leitast- oder Seitenastverlängerung darstellen. Bei mehreren Reisern wird man allerdings schon nach wenigen Jahren das eine oder andere völlig wegschneiden müssen, um dem Verlängerungsreis freie Bahn zu gewähren. Besonders gefährlich wird ein zu enger Stand der Edelreiser dann, wenn ein Zusammenwachsen befürchtet werden muß. An der Basis der zusammengewachsenen Reiser bildet sich meist rasch Krebs und macht den Veredelungserfolg zunichte. Die Weiterbehandlung in den nächsten Jahren erfolgt grundsätzlich so, wie dies beim Aufbau junger Kronen üblich ist.

Bereits im Winter des ersten Jahres entfernt man die restlichen Bastfäden und kontrolliert das Baumwachs auf den Pfropfköpfen genau nach. Wenn sich das Baumwachs löst, wird es immer wieder erneuert bis die Überwallung zur Schließung der Wunde geführt hat. Gerade schlechte Nachbehandlung der Pfropfköpfe führt vielfach zu Ausfällen der Veredelung. Wo zu kurz abgeworfen wurde und zu wenig Zugäste und Beschattungsholz belassen wurde, zeigen sich immer wieder große Rindenwunden, die zum Absterben des Baumes führen.

Der Beerenobstschnitt ist anders

Im Gegensatz zum Baumobst bildet das Beerenobst Sträucher, die aus dem Wurzelstock zahlreiche Triebe bilden (Johannis- und Stachelbeeren) oder einfache Ruten (Himbeeren und Brombeeren). Die Beerensträucher entstehen durch zahlreiche Bodentriebe, die sich zunehmend verzweigen und im Alter ein Gewirr von unzähligen Trieben bilden, die kleine saure Beeren in Mengen an der Peripherie bilden. Die Ernte eines solchen Strauches wird zur Qual!
Man unterscheidet Arten, die Früchte am einjährigen Holz tragen, wie die Schwarzen Johannis- und die Stachelbeeren; sowie andere, die nur am zwei- bis dreijährigen Holz blühen. Dazu gehören die Weißen und Roten Johannisbeeren. Himbeeren fruchten ausschließlich an den im Vorjahr gebildeten Ruten, die nach der Ernte absterben. Während sich die aufrechtwachsenden Brombeeren wie Himbeeren verhalten, verzweigen sich die rankenden Sorten stärker und müssen einem anderen Schnitt unterworfen werden.
Brombeeren tragen an den seitlichen Durchtrieben der vorjährigen Ruten.
Bei allen Beerensträuchern wird bei der Pflanzung der junge Strauch kurz zurückgeschnitten. Um einen Mitteltrieb läßt man 4–5 kräftige »Leitäste« stehen. Der Schnitt erfolgt auf ein nach außen zeigendes Auge ca. 30 cm über dem Boden.
Bei der Pflanzung setzt man Beerensträucher grundsätzlich eine Handbreit tiefer als sie in der Baumschule standen, um die Bildung neuer Bodentriebe anzuregen. Das gilt nicht für Hochstämmchen, da sie eine Veredelungsunterlage (Goldjohannisbeere) darstellen. Die Hoch- und Halbstämmchen sind wegen ihrer Bodenfreiheit recht beliebt, doch muß man wissen, daß ihre Lebenszeit recht begrenzt ist. Die Kombination mit der Goldjohannisbeere hält mit der Stachelbeere einige Jahre länger, als mit Johannisbeeren. Da die Kronen leicht an der Veredelungsstelle brechen, brauchen Hochstämmchen immer einen durchgehenden Pfahl. Man bindet den Stamm und die Krone am Mitteltrieb fest, weil das Gewicht bei vollem Ertrag zu groß ist.
Die Erziehung des Strauchbeerenobstes erfolgt prinzipiell gleich: Um den Mitteltrieb zieht man 5 lange »Leitäste« und 5 kürzere, nach außen gerichtete »Seitenäste«, ähnlich einer Rundkrone der Obstbäume. In den ersten Jahren erfolgt ein Rückschnitt der Leitäste etwa auf die Hälfte. Später sorgt man für gelegentlichen Ersatz durch kräftige Bodentriebe, während grundsätzlich alle flachliegenden Triebe und schwache Jungtriebe im Kroneninnern am Boden weggeschnitten werden. Eine Besonderheit stellt die

Erziehung an Spanndrähten dar. Der wesentliche Unterschied liegt darin, daß man statt 8–10 Äste, wie beim Busch, nur 4–5 flach an die Drähte heftet.

Stachelbeeren

Sie tragen am besten am einjährigen Langtrieb. Da sie von Natur aus dazu neigen sich stark zu verzweigen, nimmt man die Seitentriebe ganz oder sehr kurz auf 2 Augen zurück und beläßt pro Leittrieb nur 3–4 sehr lange und starke Langtriebe. Bei der Ernte werden die fruchttragenden Langtriebe mit den Früchten abgeschnitten, was die Ernte sehr vereinfacht. Aus den kurzen Seitentrieben haben sich sicher genügend neue Langtriebe, die man am hellen Holz erkennt, gebildet. So erreicht man einen raschen Umtrieb und wehrt den Mehltaubefall weitgehend ab. Der kurze Stummelschnitt aller Seitentriebe wird heute nur noch für die Hochstämmchen empfohlen, die man mit 5 Haupttrieben um den Mitteltrieb erzieht.

Rote Johannisbeeren

Sie tragen am besten am zwei- und dreijährigen Holz, wo die meisten Blütenknospen an den Zweigbasen sitzen. Nur dort werden lange gut pflückbare Trauben gebildet. Man unterscheidet schwach wachsende, wenig verzweigende Sorten wie 'Heros', 'Red Lake', 'Fays Fruchtbare'. Diese Sorten müssen immer wieder kräftig an den Leitästen zu-

Schnittprinzip für Strauchbeerenobst.

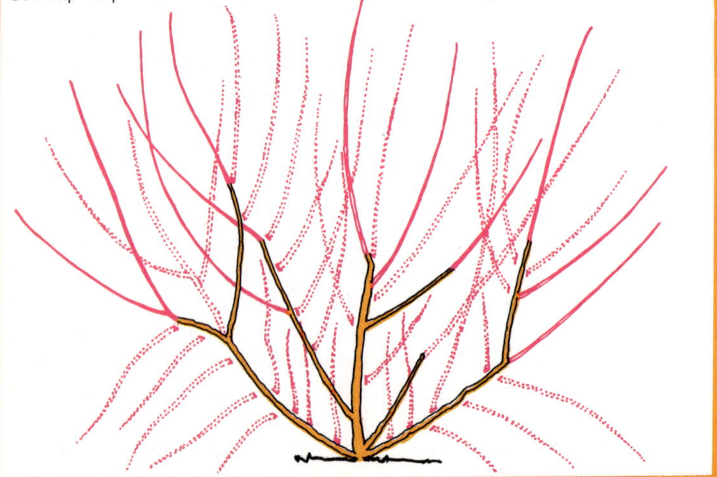

rückgeschnitten werden, um ausreichend Seitentriebe zu bilden, die man ungeschnitten läßt. Im Laub unempfindlicher sind 'Rondom', 'Jonkher van Tets' und auch 'Heinemanns Spätlese'; diese Sorten bedürfen aber auch eines kräftigen Rückschnitts; immer wieder muß auf Seitentriebe abgesetzt werden, da sie sonst unter den großen Erträgen völlig auseinanderbrechen. Einfach sind die alten, stark wachsenden Sorten wie 'Rote Vierländer' und auch die 'Weiße aus Jüterbog', da sie kräftige Grundtriebe bilden. Bei diesen Sorten ist das wiederholte starke Auslichten das Wichtigste: Man schneidet um die Mitte herum alle Grundtriebe heraus und beläßt sternförmig 5 lange und 5 kurze Triebe. So bilden sich ertragsreiche Rundkronen. Das Verjüngen wird durch Absetzen auf Seitentriebe vorgenommen und dabei gelegentlich ein »Leitast« durch einen jüngeren kräftigen Bodentrieb ersetzt. So erzielt man nur mäßiges Triebwachstum, was bei diesen Sorten besonders wichtig ist.

Trotzdem: Belassen Sie nie mehr als 10 Grundtriebe!

Schnitt der Schwarzen Johannisbeeren

Im Gegensatz zu den Roten Johannisbeeren fruchten die Schwarzen Johannisbeeren an den einjährigen

Der 2jährige Trieb wird bei Schwarzen Johannisbeeren auf 1jährige Neutriebe abgesetzt. Rückschnitt (Pfeil), um Neutrieb zu erzielen.

Trieben, so daß der Schnitt darauf abzielt, immer wieder das ältere Holz auf tiefere Nebenäste abzusetzen. Nur kräftige Langtriebe – man erkennt sie an ihrer hellen Holzfärbung – bringen große Beeren und längere Trauben. In den ersten Jahren schneidet man die Leittriebe um ein Drittel zurück, das genügt, da diese Beerenart ausreichend verzweigt. Mehr als 8–10 Leittriebe beläßt man auch später nicht. In alten Büschen zieht man beim Winterschnitt immer wieder 2–3 junge kräftige Bodentriebe als Ersatz nach und lichtet kräftig aus, wobei 2–3 alte Leitäste entfernt werden.

Behandlung der Himbeeren

Möglichst kräftig bewurzelte Ruten schneidet man bei der Pflanzung auf 40–50 cm über dem Boden zurück ohne Rücksicht auf die Knospen. Nur dadurch erreicht man im ersten Jahr einen kräftigen Neutrieb. Die meisten Himbeersorten tragen nur an einjährigen Trieben, die nach der Ernte direkt über dem Boden weggeschnitten werden. Diese Schnittarbeit ist besonders wichtig, da durch die abgestorbenen Triebe die Jungtriebe mit der Rutenkrankheit infiziert werden. Von den Neutrieben läßt man im guten Boden pro Meter die 10–12 stärksten stehen, in geringeren Böden oder bei schlechterem Durchtrieb beläßt man nur 8–10 Stück/m. Bei zweimal tragenden Himbeersorten – wie 'Zefa 3', 'Romy' u. a. – setzen bereits im Herbst des ersten Jahres die Knospen der Spitzenregion mit dem Ertrag ein. Die fruchtenden Triebteile sterben ab und werden bis ins gesunde Holz zurückgeschnitten, wo sie dann im Sommer des Folgejahres an den weiter unten stehenden Knospen ebenso Früchte hervorbringen. Nach der Ernte werden sie genauso wie ihre einmal tragenden Vettern am Boden abgeschnitten. Himbeeren werden stets an 2 Drähten festgebunden. Nur bei sehr stark wachsenden Sorten geht man auf 3 Spanndrähte, wenn man nicht einfacher nach dem Auslichten alle Ruten auf 120–130 cm Höhe egalisiert. Spezialisten schwören, daß es besser sei, die überlangen Ruten bogenförmig wegen des Mehrertrages anzubinden. Sicher ist nur, daß es Mehrarbeit gibt.

Erziehung und Schnitt der Brombeeren

Bei der Pflanzung erfolgt kein Rückschnitt, wenn nicht Zweigteile verletzt sind. Die jungen Ruten dienen nur dazu, aus den Wurzelaugen kräftige Langtriebe zu bilden. Sie werden an die im Abstand von 0,60 m/1,00 m/1,60 m und 2,10 m gespannten Drähte nach rechts und links geheftet. Während die Triebe des 1. Jahres ohne Bedeutung sind, versucht man im 2. Jahr die 4 kräftigsten Neutriebe gut verteilt anzubinden. Im Sommer entstehen Geiztriebe aus den Seitenaugen, die man auf 4–5 Knospen beim Sommerschnitt zurücknimmt. Meistens wird eine Behandlung im Juni und im Juli notwendig.
Im 2. Jahr werden die Ruten des Pflanzjahres bis am Boden weggeschnitten. Die dann folgenden Neutriebe heftet man am untersten Draht »auf Vorrat« an, während die 4 Haupttriebe nun im vollen Ertrag stehen. Nach der Ernte werden sie am Boden abgeschnitten, aber am Draht hängen gelassen, um den Nachwuchsruten einen besseren Winterschutz zu bieten. Man nimmt sie erst im Frühjahr weg, indem man Teilstücke schneidet, die aus den Spanndrähten besser zu entfernen sind.
Im Garten haben sich heute ausnahmslos dornenlose Brombeersorten – wie 'Thornless Evergreen' u. ä. – durchgesetzt, die endlich Schnitt und Erziehung von Brombeeren zu einem Vergnügen machen, so daß man sie auch ganz einfach am Zaun anheften kann. Die aufrecht wachsenden Sorten, die man ähnlich wie die Himbeeren, aber mit sehr viel höheren Drahtgerüsten erzieht, sind deshalb nur etwas für besondere Liebhaber und geraten in Vergessenheit, obwohl ihre Frostempfindlichkeit geringer ist.

Das Weinspalier

Eine Rebenpflanzung eignet sich für warme Hauswände. Die jungen Pflanzreben sind auf speziellen Unterlagen veredelt.
Bei der Pflanzung schneidet man nicht zurück, sondern legt die Rebe flach in die Erde, so daß nur 2–3 Augen herausschauen. In den ersten Jahren wird die Verlängerung erzogen: Man läßt keine Seitentriebe, sondern heftet nur den Haupttrieb im März. Erst wenn man die gewünschte Höhe erreicht, schneidet man den Haupttrieb auf 6–8 Augen und die Seitentriebe auf 3 oder 8–10 Augen fischgrätartig an. Ob man auf »lange Bogen« oder auf »kurze Stummel« schneidet, hängt von der Sorte ab – man wird es ausprobieren müssen. Will man sich intensiver mit der Rebenzucht befassen, muß man das notwendige Spezialwissen der einschlägigen Fachliteratur entnehmen, da der Schnitt des Weinspaliers im Winter und im Sommer anders ist.

Was tun, wenn ...

Fall 1:
Mein Baum wächst zu stark; trotz gutem Schnitt trägt er nicht!

Zweifellos steht der Baum auf kräftiger Unterlage und gutem Boden und wird gleichzeitig durch jährlich scharfen Rückschnitt zu starker Triebleistung angeregt, dadurch überwiegen Langtriebe, und es kommt zu keiner Kurztriebbildung.
Gegenmaßnahmen: Für 2 Jahre Rückschnitt aussetzen; nur das Notwendigste auslichten. Gleichzeitig sehr viele Äste waagrecht binden, damit es zur Beruhigung kommt. Unter Umständen ist die Stickstoffdüngung vorübergehend ganz einzustellen, dagegen sind Kali-Phosphat-Gaben (z.B. Rekaphos) aufrechtzuerhalten. Wenn ausreichende Kurztriebbildung eingesetzt hat, Rückschnitt zunächst lang lassen. Eventuell später durch Verjüngung der Leitäste Aufbau nachregulieren.

Sonderfall:

Der plötzlich starke Wuchs bei Spindeln kann auch auf das »Freimachen der Unterlage« zurückzuführen sein. Durch zu tiefe Pflanzung kann sich am Wurzelhals die Edelsorte bewurzeln, so daß die Bremswirkung der schwach wachsenden Unterlage plötzlich aufgehoben wird.
Gegenmaßnahme: Neugebildete Wurzel abschneiden. Erdreich suppentellerartig vertiefen.

Fall 2:
Der Baum reagiert fast nicht auf den Schnitt, er zeigt nur geringen Austrieb, aber viele Blütenknospen.

Hier besteht sofort der Verdacht auf Wühlmausschaden. Kontrollieren Sie den Boden im Stammbereich mit einem Stock, ob sich Löcher finden. Wenn ja, Wühlmausfalle aufstellen. Aber im Spätherbst in den nächsten Jahren immer wieder Vergasungsmittel einsetzen, da junge Wühlmäuse die alten Gänge mit Vorliebe aufsuchen.
Gegenmaßnahme: Stamm schröpfen, Blütenknospen ausbrechen, ca. 30g/m^2 Standraum flüssige Volldünger verabreichen. Kein weiterer Rückschnitt, nur Auslichten. Die Pflanzung von Knoblauch und Narzissen ist ein altes »Wühlmausabwehrmittel«.

Fall 3:
Der Baum fruchtet hervorragend, aber die Früchte reifen auch auf dem Lager nicht –

(z.B. Zwetschgen bleiben rot, Birnen bekommen keine Farbe und keinen Geschmack, Äpfel bleiben sauer).
Die Erträge sind zu groß, die Früchte haben zu wenig Licht und werden nicht ausreichend ernährt.
Gegenmaßnahme: Auslichten und Verjüngung des Fruchtholzes erforderlich. Ernte durch Schnitt verringern. Düngung erhöhen. Das ist besonders in rauhen Lagen wichtig!

Fall 4:
Der Baum blüht jedes Jahr voll, aber trägt nicht. Soll ich schärfer schneiden?

Mit Sicherheit kann hier mit Schnittmaßnahmen nicht geholfen werden, da das Fruchten von der Bestäubung mit Pollen einer fremden Sorte, die sich als Partner eignet, abhängig ist. Häufig tritt der Fall bei Süß- und Sauerkirschen ein, wo man beobachtet, wie sogar ein anfänglich reicher Behang bei Beginn der Fruchtfärbung völlig abgestoßen wird. Beißt man den Kern auf, stellt man eine leere Hülle fest. Apfel, Birne, Kirsche sind obligatorische Fremdbefruchter.

Gegenmaßnahme: Stellen Sie die Sorte fest und wenden sich an eine Obstbauberatungsstelle oder ein Obstbauinstitut an den Fachhochschulen. Sie geben Ihnen die notwendige Befruchtungssorte an, die man entweder zusätzlich pflanzt, oder einfacher in den Baum einveredelt. Bei Neupflanzungen von Kirschen stets 2 oder mehr Sorten, die als gegenseitige Befruchter funktionieren, setzen.

Fall 5:
Die Krone meines Baumes ist völlig ungleichmäßig gewachsen, hängt aber allseitig nach unten – ich finde keine Leitäste!

Diese Kronenentwicklungen sind häufig bei bisher völlig ungeschnittenen Kronen. Man kann also nur vom vorhandenen Gerüst ausgehen.

Gegenmaßnahmen: Verjüngen Sie die Krone von oben her durch scharfes Auslichten kräftig. Wichtig ist, daß das Gleichgewicht in der Krone hergestellt wird – wenigstens in etwa. Mit einer gleichzeitigen Düngergabe spricht der Baum sicher an und treibt an der Peripherie der Krone kräftige Langtriebe, die man im Folgejahr als Leitäste weiterbehandelt. Aufbauschnitt wie bei Jungkronen.

Fall 6:
Auf die Verjüngung zum Kronenausgleich (Fall 5) hat der Baum völlig ungleichseitig reagiert:

Linke Seite treibt nur schwach, die rechte Seite treibt wie ein Besen.

Gegenmaßnahme: Rechte Seite stark auslichten, Rückschnitt links beginnen, Ast schröpfen, den neuen Leitast nicht zu lang lassen, sonst kippt er bald um. Dann die rechte Seite einem starken Rückschnitt unterziehen. Leitäste unbedingt in die Waage stellen. In einigen Jahren ist der Ausgleich erzielt.

Fall 7:
Beim Sturm ist ein Ast unter dem Gewicht der Früchte am Stamm ausgeschlitzt. Wie soll ich weiter vorgehen?

Die sogenannten Schlitzwunden sind sehr schwierig nachzubehandeln. Die zerfetzten Holzteile mit

Messer und Stichsäge so kurz als möglich zurückschneiden. Am unteren Wundrand einen Abflußkanal für Wasser einschneiden. Die Wunde gut mit Verschlußmittel abdecken.
Gegenmaßnahme: Der fehlende Leitast kann natürlich nicht ersetzt werden, doch sollte man die Krone zunächst insgesamt verjüngen und als »Krone mit 2 Leitästen« weiterbehandeln.
Oft lassen sich aber Fruchtäste aus dem Mitteltrieb, die zwar sehr viel höher entstehen, durch Aufbinden in steilem Winkel (ca. 40° zum Stamm) und Schröpfen zu kräftigem Wuchs anreizen, um die Aufgabe eines Leitastes in den nächsten Jahren zu übernehmen.

Fall 8:
Bei starkem Frost im Februar ist die Rinde auf fast 1 m Höhe am Stamm von Hasen abgefressen worden. Ist der Baum noch zu retten?

Gegenmaßnahmen: Soforthilfe anlaufen lassen. Wundbehandlung mit Kuhmist-Lehmbrei-Verband, dann ist der Baum zu retten.
Vorbeugen: Wenn Sie Hasenfraß befürchten, empfiehlt sich bei Schneefall, einige Äste, die sowieso beim Schnitt wegfallen, vorzeitig abzusägen und als Hasenfutter am Boden liegen zu lassen. Die Hasen nehmen dieses Schnittholz gerne als Abführmittel an und verschonen die Stämme.

Register

Register

Obst und Gemüse aus eigener Ernte

Werner Funke
Der Obstgehölzschnitt
Wachstum und gute Ernte sichern durch richtige und zweckmäßige Schnittmaßnahmen: Schnitt der einzelnen Arten, Werkzeuge, Schneidetechnik, Wundpflege.

Siegfried Stein
Gemüse
Alles über Gemüseanbau: Gartenböden, Mischkulturen, Hügel- und Hochbeete, Folie und Vlies, Frühbeete, Gewächshäuser, Pflanzenschutz, Saatgut, Gemüsearten.

Ulrike Schäfner
Obst für kleine Gärten
Alles über den Anbau von Beerenobst und kleinwüchsigen Obstbäumen – von der Pflanzung bis zur Ernte; Wildobstarten; Obstbäume in Töpfen.

Siegfried Stein
Aussaat und Vermehrung
Pflanzenvermehrung – z.B. durch Samen, Kopf- und Blattstecklinge, Knollenteilung, Absenker und vieles mehr – Schritt für Schritt leicht nachvollziehbar mit vielen Arbeitsfotos.

Karlheinz Jacobi/Dietrich Mierswa
Gärtnern unter Glas und Folie
Gewächshaus- und Frühbeetformen, Folien, Bauweisen, Einrichtungen, Zubehör, Beheizung; Nutzungsmöglichkeiten von Gemüse, Kräutern und Früchten bis zu Zierpflanzen, Kakteen und Orchideen.

Martin Stangl
Obst aus dem eigenen Garten
Basiswissen für Hobbygärtner zum Obstanbau im eigenen Garten und zu allen wichtigen Obstarten – von Sortenauswahl, Pflanzung und Düngung bis zu Pflanzenschutz, Ernte und Lagerung.